フランスの宝石菓子100

大森由紀子
Yukiko Omori

*100 pâtisseries
françaises
incontournables*

Prologue はじめに

　この本では、100種のフランス菓子を、伝統菓子、郷土菓子、土産菓子、コンフィズリー＆ショコラ、行事菓子と、五つのカテゴリーで紹介しています。なるべく皆さんになじみのあるお菓子をと思い、リストアップしたつもりですが、全土のお菓子を集めれば100で到底足りません。しかし、この100のお菓子を選んだのには、理由があります。

　フランスは、訪れるたびに驚かされることがたくさんあり、都度発見があります。お菓子もそのひとつです。今は若手の職人が台頭して、新しい手法で目新しい形のお菓子を作っています。これを進化と捉えるべきかは別にして、基本の部分はしっかり押さえているので、伝統の上に立つ現代バージョンといえるでしょう。過去に作られたお菓子も、当初は斬新なものだったのです。それらが淘汰された結果、残ったものを今回五つのカテゴリーの中に収めました。

　これらのお菓子は、それなりに残った理由があります。美味しいのはもちろんですが、フランスの文化や伝統、歴史、背景がその中に詰まっているとフランス人が認めたからです。素材の組み合わせ、フォーム、パッケージなどに、精神的なもの、つまりフランス人独特のキラリと光るエスプリが詰まっています。すべて、宝石箱にしまっておきたいくらい価値のあるお菓子たちです。この本の中に、皆さんそれぞれのお気に入りの宝を見つけていただけたら嬉しいです。

Sommaire 目次

はじめに　2

Chapitre 1
Gâteaux traditionnels
伝統菓子　6

01　オペラ　8
02　サントノレ　10
03　パリ・ブレスト　12
04　エクレア　14
05　ルリジューズ　16
06　サヴァラン　18
07　ババ・オ・ラム　20
08　フラン　22
09　モンブラン　24
10　ピュイ・ダムール　26
11　ミルフィーユ　28
12　フレジエ　30
13　カトルカール　32
14　パン・ド・ジェーヌ　34
15　タルト・ブルダルー　36
16　シャルロット　38
17　シュー・ア・ラ・クレーム　40
18　マドレーヌ　42
19　フィナンシェ　44
20　レモンのタルト　45
フランス伝統菓子概論　46

Chapitre 2
Gâteaux régionaux
郷土菓子　50

21　砂糖のタルト　52
22　ゴーフル　54
23　ミルリトン　56
24　ドゥイヨン　58
25　クイニー・アマン　60
26　ファー・ブルトン　62

27　ガトー・ブルトン　64
28　ガレット・ブルトンヌ　66
29　クレメ・ダンジュ　68
30　タルト・タタン　70
31　ピティヴィエ・フォンダン　72
32　ヴィジタンディーヌ　74
33　クグロフ　76
34　フォレ・ノワール　78
35　ルバーブのタルト　80
36　ブリオッシュ・ヴァンディエンヌ　81
37　ガトー・ナンテ　82
38　ブロワイエ・デュ・ポワトゥー　84
39　トゥルトー・フロマジェ　86
40　ル・クルーゾワ　88
41　ヌガー・ド・トゥール　89
42　ガレット・ブレッサンヌ　90
43　ガレット・ペルージエンヌ　92
44　ガトー・ド・サヴォワ　94
45　ブリオッシュ・サン・ジュニ　96
46　ケルシー・ノワ　98
47　クラフティー　100
48　カヌレ　102
49　パスティス・ランデ　104
50　ベレ・バスク　106
51　ガトー・バスク　108
52　リソル　110
53　クルスタッド・オ・ポム　112
54　クレーム・カタラーヌ　114
55　タルト・トロペジエンヌ　116
56　フィアドーヌ　118
フランス郷土菓子概論　120

Chapitre 3
Gâteaux souvenirs
土産菓子　124

57　アミアンのマカロン　126
58　ビスキュイ・ド・ランス　128

59 ナンシーのマカロン　130

60 ケルノン・ダルドワーズ　132

61 モンモリオンのマカロン　134

62 ディジョンのパン・デピス　136

63 サン＝テミリオンのマカロン　138

64 プリュノー・フーレ　140

65 バスクのマカロン　142

66 ガトー・ア・ラ・ブロッシュ　144

67 ジャノ　146

68 マルセイユのナヴェット　148

69 ビスキュイ・ド・モンボゾン　150

70 ルスキーユ　151

71 カニストレリ　152

フランス土産菓子概論　154

Chapitre 4
Confiseries & chocolats
コンフィズリー＆ショコラ　158

72 ベティーズ・ド・カンブレ　160

73 シュクル・ド・ポム　162

74 グロゼイユのコンフィチュール　164

75 ベルガモット・ド・ナンシー　166

76 プロヴァンのバラの花のジャム　168

77 メンチコフ　170

78 オルレアンのコティニャック　172

79 モンタルジのプラリーヌ　174

80 フォレスティーヌ　176

81 ル・ネギュス　178

82 アニス・ド・フラヴィニー　180

83 パスティーユ・ド・ヴィシー　182

84 カルパントラのベルランゴ　184

85 クッサン・ド・リヨン　185

86 ブション・ド・ボルドー　186

87 モレの修道女の大麦飴　187

88 スミレの花の砂糖漬け　188

89 アヴィニョンのパパリーヌ　189

90 モンテリマールのヌガー　190

91 フルーツの砂糖漬け　192

92 カリソン　194

コンフィズリー＆ショコラ概論　196

Chapitre 5
Gâteaux de fêtes
行事菓子　200

93 ガレット・デ・ロワ　202

94 コロンビエ　204

95 クレープ　206

96 アニョー・パスカル　208

97 復活祭の卵　210

98 スペキュロス　212

99 ビュッシュ・ド・ノエル　214

100 トレイズ・デセール　216

フランス行事菓子概論　218

Colonne 1
後世に受け継がれるフランス伝統菓子　48

Colonne 2
代々伝わるセピア色の郷土菓子レシピ　122

Colonne 3
地方の魅力に出会える土産菓子　156

Colonne 4
まるで宝石のような伝統のコンフィズリー　198

Colonne 5
物語と思い出が詰まった行事菓子　220

おわりに　222

Chapitre 1

Gâteaux traditionnels

伝統菓子

フランス革命という歴史的出来事がもたらした
新しいパティスリーの世界。
そこで生まれた菓子は当時斬新だったに違いない。
しかし、それは今、伝統菓子と呼ばれて人々に受け継がれている。
時代を超えて愛されるようになった菓子たちの
魅力と美味しさを語ろう。

Opéra
オペラ

パリのオペラ座を模した老舗の名作

　オペラは、もはや世界中に知れ渡ったフランスを代表する菓子のひとつ。パリの「ダロワイヨ」のシェフ・パティシエであったシリアック・ガヴィヨンが、1955年に考案したというのが定説である。彼は、砂糖やバター、アルコールを必要以上に使用した、当時の菓子を、もっと軽いものにしようと試みた。長方形というその形も、斬新だった。
　しかし、その裏にはこんな話も残っている。実はこの菓子の元になるものが、ダロワイヨの親戚であったパティスリー、「マルセル・ビュガ」ですでに作られていたというのだ。ビュガは、ガヴィヨンの義理の兄弟だった。彼は、戦前戦後に活躍していたパティシエ、ルイ・クリシーから店をゆずってもらった際に、看板商品だったクリシーと呼ばれていたこの菓子のレシピを取得。数年後、ビュガが家でディナーを催したとき、クリシーを作って出したところ、ガヴィヨンが気に入り、クリシーに豪華絢爛なオペラ座のイメージを吹き込み、名前をオペラと改め、店に並べたのだという。
　この菓子に使われている生地は、ジョコンド生地と呼ばれるものであるが、ジョコンドとは、絵画モナ・リザのモデルになったフィレンツェの行政官、フランチェスコ・デル・ジョコンドの夫人、リザ・デル・ジョコンドのことである。ジョコンド生地は、そのモナ・リザの微笑みのように優雅で優しく、という思いを込めて作られた生地だそうだ。

02

Saint-Honoré
サントノレ

聖人とパリの通りの名を冠したシュー菓子

　1840年代、パリのサントノレ通りの「シブースト」という名前のパティスリーで生まれた菓子。完成させたのは、オーギュスト・ジュリアンというパティシエだ。ある日彼は、丸いブリオッシュ生地を王冠状に並べ、中央に生クリームを泡立てたものを搾り出したお菓子を作った。これがサントノレの元の形なのだが、難点は、時間がたつとブリオッシュが湿ってしまうこと。そこでジュリアンは、練りこみパイ生地で土台を作り、ブリオッシュの代わりにシュー生地を使い、中央にはカスタードクリームに泡立てた卵白を混ぜるクリームを思いつく。やがて、この菓子には、パティスリーがあった通りの名前、サントノレが付けられ、クリームには、店の名前を付けて、クレーム・シブーストと呼んだのである。ジュリアンには、兄と弟がおり、3人ともパティシエとして活躍。3兄弟は、パリに「ラ・メゾン・ジュリアン」というパティスリーを開き、そこでサヴァランも考案している。

　なお、サントノレとは、オノレ聖人という意味。聖人とは、徳が高く、その生き方が他の人の模範となる人だ。聖人は、職業を守る守護聖人でもある。フランスでは、キリスト教における聖人カレンダーなるものが存在し、365日聖人の名前が書きこまれ、それぞれの聖人がそれぞれの職業を守っている。サントノレは、パティシエとブーランジェの守護聖人であるので、この菓子、サントノレは、この聖人から名前をもらったとする説もある。また、主にブーランジェの守護聖人とされている聖人には、サン・ミッシェルがいる。

Chapitre 1　伝統菓子

11

Paris-Brest
パリ・ブレスト

世界初の自転車レースの車輪からイメージ

　トゥール・ド・フランスという毎年フランスで開催される世界的に有名な自転車レースがあるが、その元になったレースがある。1891年に始まったパリとブルターニュ地方のブレスト間、1200キロを走る自転車レースである。この菓子は、このレースで走る自転車の車輪にインスパイアされて、パリの近郊、メゾン・ラフィットのルイ・デュランというパティシエが考案したといわれているが、もともとは、自転車専門誌の編集者が、このレースのオマージュとして、ルイ・デュランに新しい菓子を依頼して考え出されたとも伝えられている。シュー生地の間には、通常プラリネかモカのクリームを挟むのが伝統だが、昨今は、立てた生クリームを使用することもある。焼く際、リングのシューを垂直にふくらませるためには、周囲にバターを塗ったセルクルを置くと美しく生地が浮き上がる。
　ブレストはブルターニュ半島のイギリスに近い、もっとも西端に位置するフランス最大の軍港で、第二次世界大戦時にはドイツに占領され連合軍の空襲を受けたため町は破壊されたが、1960年ごろまでには復興した。海からの風は強く、雨の日に降り立つと、かもめの鳴き声もなにやら寂しく聞こえる。パリ・ブレスト間の自転車レースは、プロレースとしては1951年まで続いたが、現在ではプロ以外も含め、5000人以上が参加。日本人参加者は100人以上いるという。しかし、悪天候に見舞われることも多く、レースはしばしば過酷である。

Chapitre 1　伝統菓子

04
Éclair
エクレア

一直線のたたずまいにパティシエの技が光る

　エクレアとは、電光石火という意味。中のクリームが生地からはみ出さないうちに、電光石火のようにすばやくひと口で食べるようにと名付けられたという。細く絞ったシュー生地の中に、チョコレート、あるいはモカ風味のカスタードクリームが詰められ、表面には、チョコレートやモカ風味のフォンダンと呼ばれる砂糖がけが施されているのが伝統的である。

　エクレアには、その前身がある。細長く焼いた生地をアーモンドの中に転がしたもので、「パン・ア・ラ・デュシェス」と呼ばれるものだった。そして、19世紀前半、偉大な菓子職人、アントナン・カレームが、天井からジョウロを下げてそこから生地を流して焼いていたのをきっかけに、絞り袋が開発されて口金も作られ、今のシュー生地の形に近いものになっていった。カレームは、シュー生地を自身の創作、ピエス・モンテに使っていたのである。しかし、エクレアと名付けられた菓子が作られるようになったのは、彼の死後、17年経った1850年。リヨンでのことである。

　今では、表面のフォンダンの部分によりチョコレートの風味を出すために、砂糖のフォンダンではなく、チョコレートを使用して上掛けを工夫しているパティスリーも目立つようになった。上掛けを美しくするために、表面の生地が割れないように焼くのがポイントだ。その輝くようなグラサージュから、電光のように美しいということで、エクレアと名付けられたという説もある。

05

Religieuse
ルリジューズ

クリームで修道服の襟を模したシュー菓子

　日本ではあまり見かけないシュー菓子、ルリジューズ。軽さと食べやすさ、そして買い求めやすい値段という気軽さからか、シュークリームが長い間国民的洋菓子としてその地位を確固たるものにしているため、似たような菓子は受けいれられなかったのか。理由は二つあると思う。ひとつは、シュークリームはひとつで充分、という日本人的胃の事情。もうひとつは、製作に時間がかかり、オーブンの場所を取るという作り手事情。

　西洋菓子は明治維新後、今後の開かれた日本に必要と判断され、それまでは武士だった人などが横浜の外国人居住区に送り込まれ、フランス人パティシエからフランス菓子の手ほどきを受けて初めて作られたという。それからずっと私たちの暮らしとともにある菓子だ。一方、フランスのパティスリーでは、ルリジューズは欠かせないアイテムだ。

　フランスのシュー菓子は、イタリアから製法が持ち込まれ、現在のシュー菓子として確立したのが、18〜19世紀。当時の偉大なパティシエ、アントナン・カレームが、シュー生地をピエス・モンテに使用する。ルリジューズの最初の形は、シュー生地を重ねて、クリームを用い、修道女の修道服に見立てて作ったので、そう呼ばれているという。1850年代、パリのアイスクリーム屋、フラスカティの店に登場したという。一世紀を経て、大小のシュー生地に、ショコラまたはカフェのカスタードクリームを詰め、上にフォンダンをかけ、つなぎ目にクリームで修道服の襟の模様を演出する今の形になっていった。

06

Savarin
サヴァラン

考案時は大きなリング形。フランスの美食家の名に由来

　日本ではサヴァランは、昔ながらの洋菓子店でも販売しているシュークリームやショートケーキ同様、昭和の時代からなじみのある菓子だ。一方、フランスでは、形はサヴァランだが、名前はババとして売っている店が多い。サヴァランとババの違いは、その形と生地である。ババには本来レーズンが入り、筒状の専用の型で生地を焼く。サヴァラン生地、ババ生地は発酵生地であるが、ブリオッシュ生地とは異なる菓子生地のもろさもある一方、発酵生地のような弾力と力も兼ねそなえている。生地の配合も、薄力粉が入ることが多い。焼き上がった生地をシロップに浸すのであるが、浸したあとは2倍の大きさになる。中央に穴が開いているサヴァランはシロップが浸み込みやすい。ババはところどころ竹串で穴を開けてシロップを吸い込ませるとよい。
　サヴァランを考案したのは、1840年代に、パリでパティスリーを営んでいたジュリアン3兄弟の一人、オーギュスト・ジュリアンである。彼が考えたのは、ババの生地にレーズンだけではなく、砂糖漬けオレンジの皮を刻んだものを混ぜてリング状にし、中央にカスタードクリームなどを詰めたものである。菓子の名前は、名著『味覚の生理学』の著者であり、美食家であったブリア・サヴァラン（1755－1826）から名付けられた。「君の食べているものを言ってごらん。君がどういう人物か当ててあげよう」という有名な言葉を残している。同名のチーズもあるが、それもこの人物の名前に由来しているという。

Baba au rhum
ババ・オ・ラム

宮廷から庶民の味へ。老舗パティスリーの代表作

　この菓子は、18世紀にロレーヌ地方を治めていた、元ポーランド王、スタニスラス・レクザンスキ公とストレールという菓子職人によって考案された。発酵生地を円筒形の型できのこのような形に焼き上げ、たっぷりのラム酒風味のシロップに浸して作る。生地には、カレンズレーズンを混ぜるのが特徴だ。

　ある日公は、好物のクグロフ（あるいはポーランドのババカ）を食べようとしたが、少々硬くなっていたのでお酒をかけて食べてみたという。すると思いがけず美味しかったため、お抱えパティシエ、ストレールに、それをもとにひとつの菓子を作らせたのである。こうしてババが生まれた。そして、当時公が気に入っていたという『千夜一夜物語』の中の一話、「アリババと40人の盗賊」の主人公、アリババからババと名付けたのである。

　レクザンスキ公は、大変なグルメで、様々な料理や菓子を作らせたといわれているが、その中には、ルイ15世と結婚した娘、マリー・レクザンスカを気遣って作らせたというものもある。というのは、ルイ15世は大変な女性好きで、ポンパドール夫人やマダム・デュ・バリーなどの愛妾の他、多くの愛人がいた。どうにかそんなルイ15世の心をマリーに向けさせようと、娘のためにヴェルサイユ宮殿にもストレールを送り込んだ。

　やがてストレールは、1730年に自身の店をパリに開く。その店「Storer」（ストレール）は現在もパリ2区のモントルグイユ通りに存在し、スペシャリテはもちろんババだ。その横には、アリババと名付けられた、ババ生地にカスタードクリームを挟んだ菓子も並んでいる。

08

Flan
フラン

泣く子も黙るフランスの国民的スイーツ

　フランは、フランス人にとっては国民的菓子のひとつである。日本のプリンのような存在だ。そのアパレイユ(具)も、卵、牛乳、生クリーム、砂糖などからできており、カスタードに似たクリームを、タルト生地に流して焼くのが一般的な製法である。小銭を持っていれば、子どもでもブーランジュリーでも買える庶民的な菓子だったが、昨今のフランは、少し様子が異なっているようだ。著名なパティシエたちが、競ってフランのアパレイユや食感に新しいレシピを取り入れているのだ。

　フランは、古いフランス語の「flado」という言葉が元になっており、それは、平たい円盤状の金属を指していた。また、冶金用語で刻印するための円盤状の鋳型を意味していたという説もある。そのため、このお菓子の形状は本来、丸く平たい形をしている。しかし、この菓子も、元をたどると人類が最初に調理して食べた麦のお粥にたどりつく。ファーブルトン、クラフティーなどもこのお粥から発展した家庭菓子である。材料もほとんど一緒だ。

　カヌレもしかり。カヌレが日本で流行り出したころ、パリっ子はまだ知らなかった。当時、パリで開催されていた物産展を訪れたら、ボルドーのカヌレ専門店が出店しており、真っ黒のカヌレを敬遠するパリっ子たちに、販売員が「フランを焦がしたような菓子」だと説明していたのである。

　フランは、砂糖を入れなければ惣菜にもなる。ホウレンソウと鮭を合わせてもいい。フランは、料理や菓子のベースともいえるフランスを代表する菓子なのである。

23

09

Mont-Blanc
モンブラン

世界最高峰の雪山を栗とメレンゲで表現

　フランスではモンブランは日本のようにポピュラーではないが、モンブランを売りにしているパティスリー「Angelina」(アンジェリーナ)は有名だ。
　アンジェリーナは、1903年にオーストリア出身のアントン・ランペルマイヤーによって創業。当初からモンブランを作っていた。なぜ栗かというと、オーストリアでは当時栗のお菓子がポピュラーで、しかも周囲は山に囲まれているため、その最高峰であるモンブランをイメージして作られたという。

　モンブランは、直訳すると白い山という意味。実際のモンブランを臨むフランス、サヴォワ地方の家庭でも、栗が実る時期に雪山をイメージした作られていたとか。その他、アルザス地方でも似たようなお菓子がある。その菓子の名前は、「Torche aux marrons」(トルシュ・オ・マロン)。マロンの松明である。その姿が松明のようであることからそう名付けられた。

　モンブランの一般的な構成は、底に卵白で作ったメレンゲを敷いて、その上に生クリームを絞り、マロンのクリームを糸状に絞って仕上げるというものだ。このマロンのクリームは、パート・ド・マロンやクレーム・ド・マロンを使って作る。パート・ド・マロンは、栗をゆでて実をピュレにしたもので甘くなく硬い。これらの加工品は、フランスでは、南部の栗の産地であるアルデッシュ地方にある加工会社が一手に請け負っており、アンジェリーナなど量産する店は、その会社に好みの硬さのペーストを作ってもらう。

10

Puit d'amour

ピュイ・ダムール

材料は生地とクリームのみ、シンプルを極めた菓子

　ピュイ・ダムール（愛の井戸）という名前は、19世紀に流行っていたオペラ・コミック座で上演された同名の演目にちなんで付けられたといわれている。オペラ・コミックとはセリフを歌で表すオペラとは異なり、普通のセリフを交えたオペラである。

　この菓子の前身は18世紀にさかのぼる。ルイ15世の妃、マリー・レクザンスカは、王がポンパドール夫人という愛妾に夢中だったため、夫人に負けまいと、競ってお抱え職人のストレールに料理や菓子を考案させていた。その中にパイの器に鶏肉やマッシュルームなどをベシャメルソースであえて詰めたブッシェ・ア・ラ・レーヌという料理があった。その後、英国大使館の料理人などを務め、ポンパドール夫人のお抱え料理人でもあったヴァンサン・ラ・シャペルが、ブッシェ・ア・ラ・レーヌに似た、ヴォル・オ・ヴァンという菓子を考案し、1735年に出版した『現代の料理人』という本にレシピを残したのである。ヴォロヴァンは、料理系もあるが、ヴァンサンのレシピは、パイ生地の中にスグリのジャムを詰めたものだった。

　ヴォル・オ・ヴァンとは、Vol au vent（ヴォル・オ・ヴァン＝発音するとヴォロヴァン）風に舞って飛ぶという意味で、層になった折パイ生地のはかなさをうたったネーミングである。その後、アントナン・カレームがヴォル・オ・ヴァンをより洗練させていった。ピュイ・ダムールは、このヴォル・オ・ヴァンからヒントを得て作られたといわれている。食べたときに、カリカリとはじける薄い砂糖がけと柔らかいクリームのコントラスト、折りパイ生地のサクサクの食感を楽しむ菓子だ。

Chapitre 1　伝統菓子

11

Millefeuille
ミルフィーユ

パティスリーに君臨する千枚の葉

　この菓子の生地は、パート・フイユテと呼ばれ、日本名は折り込みパイ生地。通常は、小麦粉にバターを包んでそれを三つに折ることを6回行う。単純に計算すると730層にもなる。mille は、千の意、feuille とは葉の意味。要するに薄い千枚の葉が重なるごとく折りたたんだ生地をクリームと重ねて作るのでそう呼ばれている。オーブンで生地を焼くと、バターに含まれている水分が蒸発する際の膨張力で、生地が浮き上がり、薄いきれいな生地の層に焼き上がる。

　パート・フイユテの起源は、いまだにはっきりはしないが、昔から作られていたアラブ菓子に使用する薄い生地、パータ・フィロが、7、8世紀のアラブ人の侵入によってフランス南西部に伝わり、それが今の形に進化したとする説。あるいは、17世紀、コンデ公のお抱え菓子職人、フイエ（Feuillet）が考案したという説。はたまた、同じく17世紀の有名な画家で、ルーブル美術館にもその絵の展示があるクロード・ロランが、画家になる前、クロード・ジュレとしてパティシエの見習いをしていた時期に、生地にバターを入れ忘れ、後から混ぜて折り込んだという話などなど……。

　また、この菓子の名前だが、Mille-Feuille とハイフンが入るのか、フランス語では女性形か男性形かが論議されたが、1990年に、フランス語の保存と純化を目的としている国立学術団体アカデミー・フランセーズが、ハイフンなしで男性形、単数と定め、Le millefeuille とした。

12

Fraisier

フレジエ

イチゴが旬を告げる季節限定アントルメ

　一見日本のショートケーキに似ているが、日本のショートケーキは、フランス菓子とは関係ないところから発展した。イギリスのショートブレッドにイチゴとクリームを挟んだのでショートケーキと呼ぶという説。もうひとつは、アメリカのパンケーキにイチゴとクリームを挟んで、さっさと仕上げる、つまりショートタイムで仕上げるからそう呼んだという説がある。

　フレジエは、スポンジ生地に生クリームではなく、バタークリームとカスタードクリームを合わせた、クレーム・ムースリーヌというクリームを挟むということと、表面をマジパンで覆うのが特徴だ。ショートケーキよりしっかりした味わいだが、これがイチゴの酸味によく合う。

　フランス語でイチゴはフレーズ（fraise）といい、フレジエは、イチゴの木、fraisier のことである。もともとフランスにはイチゴはなかったが、18世紀に、探検家で植物学者でもあった、アメデ・フランソワ・フレジエ（Amédée-François Fézier）という人物がチリのイチゴを持ち帰ってブルターニュで栽培したのがきっかけでフランスに広まった。この人物の名前、フレジエは偶然イチゴの木のフレジエと似ているが、実は、この探検家の祖先が、1916年、チャールズ3世の食事会に招かれた際、当時栽培していた木苺をおみやげに差し上げたら、王に大変気に入られ、貴族の称号を与えられることになった。そのときに付けられた名前が Fraise だったのである。その後、Frazer となり、Frézier となったということである。

31

13

Quatre-quarts
カトルカール

四つの素材がすべて同量。出来栄えはテクニック次第

　いわゆるバターケーキである。これを元に、フルーツの砂糖漬けを散らせばフルーツケーキになるし、生地にココアを加えれば、チョコレート風味にもなる。筆者もお菓子作りを始めた高校生のころ、最初に作ったのが、バターケーキだ。当時はただ混ぜればいいと思っていたが、混ぜ方で焼き上がりの状態が毎回違う。結果、菓子作りは、同じ状態に焼き上がるように、7回くらい同じものを作って、やっと自分のものにできるということを知った。

　フランス語でQuatreは4、quartは1/4という意味。つまり、バター、砂糖、卵、小麦粉の四つの素材を4分の1ずつすべて同じ量使用して作るので、そう呼ばれている。バターを柔らかくして砂糖と全卵を加え、最後の粉を加えるシュガーバッター法と呼ばれる作り方が一般的。全卵とバターは混ざりにくい（卵白はほとんどが水分なので、乳化しにくい）ので泡立て器を使いがちだが、本来の食感はどっしりしたものなので、空気を入れないように木ベラで混ぜるようにパリのル・コルドン・ブルーという料理学校で教えられた。その際は、全卵とバターは同じ温度帯にし、全卵は溶いて少しずつ合わせていくと乳化しやすい。しかし、同じ配合であれば、卵黄と卵白を別にし、溶かしバターを混ぜてから卵白を泡立てて最後に加え、軽く仕上げるという方法もある。要は自分の食べたいイメージに沿った製法でよいと思う。この菓子は、別名パウンドケーキ（Poundcake）とも呼ばれる。

Pain de Gênes

パン・ド・ジェーヌ

アーモンドの美味しさをしっとりと味わう菓子

　ジェーヌとは、北イタリアの都市、ジェノヴァのことである。イギリスとオーストリアに申し出ていた和平交渉の返事がなかったため、ナポレオンは、イタリア半島で勝利を収めていたオーストリア軍と戦うため、1800年、イタリア北部に赴き、5万人の部隊を南西方面に散らばせた。しかし、装備は不十分で、大砲の数も間に合わなかったため、ジェノヴァに侵攻した部隊は敵軍に包囲されてしまったのである。そこで、フランス軍と住民たちは、水で煮た米と50トンのアーモンドの備蓄だけで3カ月持ちこたえた。この史実から、アーモンドたっぷりのこの菓子に、その都市の名前を付けたといわれている。考案者は、19世紀半ば、パリ、サントノレ通りの有名店シブーストのシェフ・パティシエだったフォーヴェルである。ある日見習いがすり鉢でアーモンドをすりながらムース状にしていたのを見て、それを焼いたことから出来上がったという。しっとりした食感は、やみつきになる美味しさだ。

　パン・ド・ジェーヌは、しばしば、円形のタルト型をひっくり返した形で仕上げられる。日本でたまに見る円形のマドレーヌは、このパン・ド・ジェーヌの形を真似たものだと思われる。マドレーヌは本来貝殻型で作られる菓子だ。しかし、筆者が人生で最初に食べたパン・ド・ジェーヌは、今はなき名店、パリ16区の「コクランエネ」で作られた四角のパン・ド・ジェーヌだった。丸い形に出会うまで、パン・ド・ジェーヌは四角の菓子と思っていたので、菓子との最初の出会いというのは、大きな影響を残すものである。

Tarte Bourdaloue
タルト・ブルダルー

ブルボン王家が愛した洋梨を庶民の味に

　ヴェルサイユ宮殿に、ポタジェと呼ばれる菜園がある。ルイ14世の肝入りで庭師、ラ・カンティニーに造らせた。十字軍や大航海時代のおかげでフランスに輸入された珍しい野菜やフルーツをその菜園で栽培させていたのである。その中に洋梨があった。ルイ14世は大の洋梨好きで、16本の木を植えさせていた。

　ポタジェで栽培されたフルーツは、砂糖を使ったコンフィチュールやジュレ、シロップ煮、砂糖漬けとなり、宮廷での晩餐会の最後を飾った。そしてそれらは、"砂糖を制するはヨーロッパを制する"といわれた時代において権力を見せつけるものでもあったのである。

　洋梨のタルト、タルト・ブルダルーが生まれたのは1824年。フランス革命が起こったにもかかわらず、亡命していたブルボン王家出身、シャルル10世の2度目の王政復古の時代が始まった年である。王家が大切にしてきた洋梨をタルトに使ったのもそんな背景があったからかもしれない。

　作ったのは、パリの9区のブルダルー通りに店を構えていたファスケルというパティシエである。この通りには、イエズス会のノートル・ダム・ド・ロレット教会があり、このタルトは、そこのルイ・ブルダルー司祭に捧げられた。当時は洋梨の表面に細かく砕いたマカロンで十字架を描いて焼いていたという。

　フルーツのタルトは、このタルトのように、砂糖入りのパータ・シュクレ、アーモンドクリーム、フルーツという構成が鉄板である。中に詰める洋梨は、シロップで煮たものを用いる。

Charlotte
シャルロット

偉大なるパティシエが生み出した宴会の華

　シャルロットという名前の由来は、18世紀から19世紀初頭、イギリスを治めていたジョージ3世の妻、シャーロット王妃がかぶっていたフリルの付いた帽子に似ていたというところから来ている。このお菓子は、余ったお菓子やパンを使ったイギリスのトライフルが原型といわれており、ここから派生したシャルロットは2種類。ひとつは、白ワインで風味付けしたクリーム、カットしたスポンジケーキやブリオッシュ、そして赤いフルーツのジュレや果物の砂糖漬けを混ぜ、型に詰めて冷やして食べるシャルロット。もうひとつは、型にバターを塗って、パンを並べ、中にレモンかシナモンで香りを付けたりんごのコンポートを入れて焼き、カスタードソースを添えて食べる温かいデザートである。

　これを、貧しい生まれながらも独学で建築学を学び、皇帝や王室の料理人を務めた天才フランス人シェフ、アントナン・カレームが洗練させ、今の形に近いものにしたのである。カレームが作ったシャルロットは、リキュールでアンビベしたビスキュイ・ア・ラ・キュイエール（フィンガービスケット）を型の側面に並べ、バニラ風味のババロワやチョコレートムース、またはシャンティークリームなどを詰めたものだ。1815年、ナポレオンが失脚し、パリのブルボン王朝復帰の大祝賀会の際にロシア皇帝のために作られ、シャルロット・ア・ラ・リュス（ロシア風シャルロット）という名前が付けられていた。

17

Chou à la crème

シュー・ア・ラ・クレーム

日本人パティシエが引き継ぐシュー菓子の原点

　日本のシュークリームに似た形のシュー菓子は、パリではほとんど見かけないが、フランスの地方を訪れるとたまに見かける。シュー菓子は、1533年、イタリアからアンリ2世に輿入れしたカトリーヌ・ド・メディシスのお抱え職人によってフランスに伝えられたといわれている。それは、ポプリーニと呼ばれていたが、やがてププランと呼ばれるようになる。作り方は、ほぼ現代のシュー菓子と同じだが、かつては鍋に生地を流して焼く大型のものだった。料理やデザートをいっせいにテーブルに供していた王家の宴会では、お菓子も大型で装飾菓子の要素が必要とされたのである。その後、一皿ずつ供すサービスに変わるとププランは姿を消してしまった。

　その一方、シュー生地と似たレシピのものが揚げ菓子として18世紀ごろすでに存在していた。配合は上記のププランと同様のもので、この小さな揚げ菓子をオーブンで焼くようになり、現代のシュー菓子となっていったという説がある。1789年にジャン・アヴィスが焼いたシューを完成させ、弟子のアントナン・カレームが改良したといわれている。シューには、シャンティー・クリームと呼ばれる、砂糖と一緒に立てた生クリームを詰めることが多いが、シャンティー・クリームは、17世紀にパリの近郊にあるシャンティイ城でコンデ公に仕えていた料理長ヴァテルが考案した。ヴァテルは、ルイ14世のための宴会の際、魚が届かず、責任をとって自殺してしまったという伝説の料理人である。

18

Madeleine
マドレーヌ

名無しの菓子が女中の名前を与えられて後世に

　マドレーヌは、宮廷に仕えていた女中の名前である。18世紀、ドイツに隣接したロレーヌ地方を治めていたスタニスラス・レクザンスキの館で、ある日宴会が行われることになっていたが、なぜか菓子職人が仕事を放棄してしまった。困ったレクザンスキ公は、一人の女中に急遽、菓子を作るように命じる。するとその女中は、公も感心する美味な焼き菓子を作って見せた。菓子に名前はないという。そこでその女中の名前、マドレーヌを菓子の名前にしたという話である。

　当時は型も、絞り袋も存在しなかったと思われるので、生地をスプーンですくって焼いただけのものだった。それがなぜ貝殻型になったかは、キリスト教の三大聖地のひとつ、スペインのサンティアゴ・デ・コンポステーラの寺院への巡礼が関係しているという。この寺院には、帆立の形を紋章にしていた漁師出身の聖ヤコブの遺骸が収められていたことから、信者たちは通行証の代わりに貝殻を首から下げて歩いた。巡礼はピレネー山脈を越える過酷なものだが、マドレーヌは日持ちするため巡礼者が持ち歩くようになり、菓子も貝殻型になっていったというのである。帆立の形だったことは、20世紀の小説家、マルセル・プルーストの『失われた時を求めて』という小説の、「ホタテ貝のほそいみぞのついた貝殻の型に入れられたように見える……」という一文からうかがえる。さらにこの小説では、紅茶にマドレーヌを浸して食べることで、過去の幸福だった記憶がよみがえるという有名なくだりがあり、マドレーヌ×プルースト＝しあわせ、という方程式がフランス人に刻まれているのである。

19 Financier
フィナンシェ

金融家たちのために作られたお札の形

　まだフィナンシェという名前が付いていないころ、この菓子は、かつて修道院で作られていた。肉食を禁じられていた修道院では、滋養のあるアーモンドを使ったお菓子が食べられていたのである。しかし、毒殺などが横行した中世に、アーモンドの香りがヒ素のそれに似ていることから、もしや毒が入っているのでは、と怪しまれ、アーモンド風味のお菓子は敬遠されるようになり、一度姿を消した。それを19世紀、パリで復活させた職人がいる。パリ2区の証券取引所近くに店を構えていた菓子職人ラヌである。彼は、証券取引所に通う金持ちたちのため、空いた時間に素早く手軽に食べられるようにとこの菓子をよみがえらせ、「金持ち」「金融家」などの意味を持つフィナンシェと名付け、札束あるいは金塊をイメージさせる形にしたのだ。

20 Tarte au citron
レモンのタルト

レモンの名産地、南仏の太陽の色のタルト

　レモンのタルトといっても、そのレシピは色々あるが、フランスの伝統的なレシピは、レモン汁をカスタード状に煮て、バターを加え、パート・シュクレに流して固めるというものである。これがまた強烈にすっぱくて甘い。フランス人にとってのレモンのタルトは、このすっぱ甘さが原点である。

　フランスで有名なレモンの産地は、モナコよりさらにイタリア寄りの南仏の町であるマントンである。イタリアに近いため、市場でレモンを売っているおばさんはイタリア語だ。その味はというと、プロヴァンスの太陽をたくさん浴びたワインのごとく、熟したような甘ささえ感じる。街を歩けば、レモンのタルトはもちろん、レモンの酒、レモンの香りの石けんやレモン柄の布製品などレモンに関係する商品を多々見つけることができる。また、毎年2月には、大規模なレモン祭りが行われる。

フランス伝統菓子概論

フランスの伝統菓子って例えばなんですか？ という質問をフランス人のパティシエにしてみたことがある。すると彼は、一瞬考えこんでから、なんだろう？ と言った。そうか、もしかしたら難しい問題かもしれないと思った。どの時代のどんな菓子を挙げたらいいのか？ そう言われると私もわからなくなった。

ここで私は、クラシック音楽と結び付けて考えてみた。俗にクラシック音楽というと、バッハやモーツァルト、ショパンなどの曲を思い浮かべる。要は、世に知られていて今もなお演奏されている曲目である。フランスの伝統菓子にも同じことが言えないだろうか。中世では作られていたが、今はほとんど知る人がいない（発祥のパリ近郊、サン・ドニの大聖堂の受付の人さえ！）タルムーズやウーブリなどは、もはや私たちのイメージする伝統菓子の中には入らない。

伝統菓子の誕生

一般に伝統菓子と聞いてイメージするその多くは、19世紀に生まれた。1789年フランス革命が勃発し、行き場を失った王侯貴族邸で働いていた職人たちがパリで店を構え、庶民が味わったことのない菓子を作りだす。それらをヒントに、さらに新しい菓子が生まれていった。ババ、サントノレ、サヴァラン、フィナンシェ、マカロンなどなど……。そして、逃げ場を失った修道女たちは、修道院で作っていた菓子のレシピを庶民に伝授する。これらは、今もなお作り続けられているのは周知の通りだ。

「王の料理人」の偉業

また、この時代になると、元貴族、政治家やブルジョワの目に留まって、腕を発揮する職人も少なくなかった。その中に、「王の料理人、料理人の王」と呼ばれたアントナン・カレームがいる。

カレームは、1784年セーヌ左岸のスラム街だった現在のボン・マルシェあたりで25人兄弟の16番目に生まれるが、10歳で父親に捨てられる。時は革命真っただ中。虐殺、追放、死刑は日常茶飯事だった。しかしカレームは、運よく肉料理専門店で働くことになる。その後、ヴィヴィエンヌ通りのシルヴァン・バイイの店に移り、17歳で一番弟子まで上り詰める。そのころから菓子職人としての頭角を現し、シェフの許可を得て、

王立図書館に木曜、金曜に通って古典建築と版画を勉強するようになる。この図書館通いがのちの彼の作品に大きな影響を与えたことは間違いない。そして、この店に出入りしていた、政治家のタレーランに気に入られ、ロシア皇帝、イギリス皇太子、ロスチャイルド家、ナポレオンの親族などに仕えるようになる。と同時に、ヴァンドーム広場の近くに店も持つ（1815年に開店。1863年まで営業していたという）。

彼の偉業は、現在でも結婚式などでオーダーされるピエス・モンテを考案したことだ。当時「エクストラオーディネール」とカレームが呼んでいたそれは、小さなシューや飴を積み重ねたクロカンブッシュを土台に、日持ちのする素材でできたパーツをアラビアゴムで合わせて、アイシングなどで飾り付けるというものであった。その他、カレームはシャルロットを考案し、絞り袋を考案し、エクレアを今の形に近いものにした。しかし、厨房での木炭による一酸化炭素中毒により健康を害し、薄暗さで視力低下、蒸気と隙間風でリウマチを起こし、1833年にその49年の生涯を閉じたのである。

その後カレームの愛弟子、ジュール・グッフェ（1807-1877）が、正確な分量を記載したレシピ本を出版したおかげで、当時のレシピを後世に引き継ぐことができるようになったのである。

つまり今、フランス伝統菓子と呼ばれるものの多くは、フランス革命が勃発してナポレオンの時代になり、その後また王政が復活したことにより、貴族、ブルジョワたちに守られながら創作された菓子の延長と言っても過言ではない。

最後にクラシック音楽と伝統菓子の違いを述べるとしたら、クラシック音楽は当時の作曲家の思いを汲んで楽譜通りに演奏するのに対し、伝統菓子は時代により、環境や人々の味覚、そして素材、道具も変化していくことで、レシピや味も改良されていくということである。革新は伝統の上に成り立ち、伝統は革新のためにあるということを忘れてはならない。

Colonne 1

後世に受け継がれるフランス伝統菓子

　今は伝統菓子と称している菓子も、初めて世に出たとき
は斬新なものだったにちがいない。例えばエクレアもシャ
ルロットも、絞り袋がなければ作ることができない。まず
はその絞り袋の開発がなされていなければ、現在イメージ
する菓子として成り立たないわけである。こうして伝統菓
子は、道具の発展と素材のバリエーション、そしてパティ
シエの工夫によって作られてきた。これらが進化する限り、
いつの世も、将来、伝統と呼ばれる菓子が作られることに
なる。しかし、世に残す菓子を生み出すということは並大
抵ではない。

　長い間親しまれ、作り続けられる伝統菓子には共通点が
ある。まず、美味しいということ。そして、誰でも作り方
を真似できるものであることだ。この二つは必須の要素で
ある。

　パリのパティスリーを訪れると、ショーケースの3分の
2は伝統菓子で埋まっている。その他は、季節菓子やシェ
フのクリエーション菓子を出したり引っこめたり。それほ
ど伝統菓子は客からも支持されているし、パティシエの実
力の見せ所として大切な存在なのである。

フランスの伝統菓子を作るには、パティシエは長期間の修業が要る。そこに知識と専門性が必要とされるからだ。今はSNSや動画で菓子の映像や動画を見ることができ、器用な人なら真似して作ることができるが、そこから味と伝統に込められたエスプリを真似することはできない。生地やクリームには基本のレシピがあり、そのレシピには理由がある。もちろん時代によって菓子を取り巻く環境、人々の味覚も変わっていくので、伝統菓子のレシピや形も少しずつではあるが変化している。もし、ここに消えていく菓子があるとしたら、人々に関心を持たれない、あるいは、作り手が周囲の声に耳を貸さないまま、改良せず取り残されてしまうケースが多い。菓子が成り立った背景を知った上で、そこに新たな息吹を吹き込みながら、伝統菓子の素晴らしさを食べ手に伝えることが大切である。また食べ手も、そんな菓子の生い立ちを知ることで、伝統菓子を異なる観点から味わうことができる。

（左）パリの商業施設の中に入っているパティスリーの巨大なルリジューズ。人目を引く。（右）エクレアの完成度を見れば、その店の実力がわかる。伝統的なショコラやモカ味が人気。

筆者撮影

Chapitre 2

Gâteaux régionaux

郷土菓子

パリっ子も知らない、フランスの田舎でママンたちが
作り続けてきた菓子たちこそが、フランス菓子の真髄だ。
代々受け継がれてきた味を守るのは、
そこに暮らす人々の愛とテロワール。
郷土菓子を知ることによって、
フランスの未知なる世界を覗き見ることができるだろう。

ノール＝パ・ド・カレ地方

Tarte au sucre
砂糖のタルト

砂糖の産地、北フランスならではの素朴なタルト

　その名前から、いかにも甘そうな菓子と思ってしまうが、食べてみるとそうでもない。この菓子が作られた当時は、砂糖は貴重でありがたいものだったので、あえて名前にしたのだろう。

　砂糖はさとうきびと甜菜のどちらからでもできる。最初にヨーロッパに伝えられたのは、アラブ人が東南アジアで見つけたさとうきびだった。そして、エルサレムに遠征した十字軍が栽培法と砂糖の製法をヨーロッパに持ち帰り、ポルトガルやスペイン、イギリス、フランスの植民地で栽培されるようになった。フランスは、ヨーロッパ一の生産量を誇っていたが、1806年にナポレオンがイエナの戦いでヨーロッパ征服を果たそうとしたとき、強敵だったイギリスを屈服させるために、大陸封鎖令を発したことが裏目に出て、フランスにさとうきびが入らなくなってしまった。そこである実業家が、甜菜から砂糖を作ることに成功。それが現在ノール＝パ・ド・カレ地方でも作られている砂糖である。この地域では白い砂糖の他、ヴェルジョワーズと呼ばれる、砂糖の結晶を取った後に残った糖蜜から作られるしっとりした砂糖も生産している。砂糖のタルトは、このヴェルジョワーズを使って作る。

　この地方の中心都市、リールの家庭に招かれてこの菓子を一緒に作ったことがある。ベランダでブリオッシュ生地を発酵させて型に敷き、砂糖をふりかけ、バターを散らしてオーブンで焼くだけのシンプルなものだったが、焼き立ては格別の美味しさだった。ベルギーと隣接している地域なので、ビールを一緒に合わせるのも印象的である。

リール

Chapitre 2　郷土菓子

Gaufre
ゴーフル

一言ではくくれない、ゴーフルのバリエーション

　英語ではワッフルという。中世に作られていた菓子、ウーブリがこの菓子の前身だといわれている。ウーブリの起源をさらにさかのぼると、教会のミサで人々に施されていた無発酵の聖体パンに行きつく。この聖体パンを作っていたのが、オブロワイエという職人で、彼らはやがてウーブリ、そしてゴーフルを作って売るようになる。これらはすべて、2枚の鉄板に生地を挟んで焼くが、その鉄板に格子模様を付けて焼いたものがゴーフルとなった。

　ゴーフルは、主にベルギーで食されるようになるが、ベルギーに隣接した北フランスでも伝統菓子として伝えられている。

　現地でのゴーフルは、主に3種類に分けられる。ひとつは、日本でも人気となったパールシュガーの付いたしっかりした食感の、ベルギーの町、リエージュ発祥のリエージュ風ゴーフル。二つ目は、ベルギーのブリュッセルを中心に作られているブリュッセル風ゴーフル。こちらは比較的柔らかい生地で、フルーツや生クリームを添えていただく。そして三つ目は、ノール＝パ・ド・カレ地方で作られている、写真のゴーフル・フーレである。フーレとは「中に具を詰めた」という意味で、文字通りクリームが詰まっている。発酵生地を2枚の鉄板に挟んで焼く。しばらくして鉄板を開くと生地が餅のようにふくらむので、それを素早く上下2枚にカットし、北フランス特産の甜菜から作るヴェルジョワーズという赤砂糖とバターを混ぜたクリームを塗って閉じて仕上げる。フランボワーズやシトロンなどクリームの風味もバリエーション豊富だ。

55

ルーアン

Mirlitons
ミルリトン

素材によって異なる四つのバリエーション

　その多くは、ノルマンディー地方、ルーアンあたりで作られる伝統菓子である。今、現地でも見かけることは少ないが、注文すれば作ってくれる店やレストランはある。こうした伝統菓子を作るときに参考にするのが、19世紀半ばに出版された『Traité de pâtisserie moderne』（近代製菓概論）という赤表紙の本である。それによると、ミルリトンと名の付くお菓子は四つ記載されている。ニースのミルリトン、単なるミルリトン、パリのミルリトン、そしてルーアンのミルリトンである。それらの共通点は、タルトレット型を使用し、フィユタージュを敷いて中にアーモンドを主体としたクリームを詰め、表面に粉糖をかけて膜を作るという点である。それ以外は、素材に地方性が出るところが興味深い。

　ニースのものは、地元産のフレッシュなアーモンドやクルミを入れたコーヒー風味のものである。単なるミルリトンは、パート・ダマンドやマカロンを砕いたものを混ぜ、パリとルーアンのものは、生クリームを少し足し、オレンジの花の水の香りを付ける。さらにパリのミルリトンは、アプリコットジャムを底に敷くというひと手間をかける。こうしたアーモンド系のクリームを使った菓子は、ガレット・デ・ロワやコンヴェルサシオンなどと同様、フランス菓子の王道といえる。

　ところで、ミルリトンという名前だが、ルイ15世治下に鋳造された金貨をそう呼んでいたことがあることから、この金貨をイメージして付けられたという説もあり、そのリッチな味わいからその説は否定できない気もする。

ノルマンディー地方

Douillon
ドゥイヨン

りんごとバターの産地ならではの丸ごと包み焼き

　りんご、または洋梨の芯をくりぬいたところに、カソナードやジュレなどを詰めて、生地で包んで焼くノルマンディーの菓子だ。別名ブルドロ（Bourdelot）と呼ばれることもあるが、その場合は、りんごのみを使ったものとなる。カスタードソースやアイスクリームと一緒にいただくのもおすすめだ。

　ノルマンディーは、比較的温暖なその気候がりんご栽培に適しており、16世紀以降、フランスでも屈指のりんご産地となった。ノルマンディーのりんごの多くは加工用で、シードルやカルバドスなどのりんごのお酒が作られる。シードルは、りんごの果汁を発酵させて造るが、アルコール度数1.5～3度の甘口の doux と、4～8度の辛口の brut の2種類がある。甘口は、クレープや魚介類のサラダ、タルトやブリオッシュに合わせると美味しい。辛口は、魚、肉料理に合わせやすい。

　また、りんごの蒸留酒、カルバドスも生産しているが、カルバドスという名は、ノルマンディー地方の（Calvados）カルバドス県という県名に由来している。この地域のりんごを使ったシードルを蒸留し、樽で熟成させたものだが、A.O.P.（原産地呼称保護）を与えられているので、カルバドス県で作られたものしかカルバドスと名乗ることができない。

　また同カルバドス県イズニーのバターは、フランスでも5銘柄しかその名称を与えられていない A.O.P. を取得したバター。その芳しいバターを使用した生地にくるまれたこの菓子、ドゥイヨンは、最もノルマンディー的な菓子といえる。

ドゥアルヌネ

Kouign amann
クイニー・アマン

有塩バター使いが光るブルターニュ最高峰菓子

　この菓子は、ブルターニュ地方でも最西端に位置するフィニステール県、ドゥアルヌネという町で1860年代に生まれた。ブルターニュは、4〜5世紀ごろ、イギリスを追われたケルト人が住み着いた土地で、独特の言語、ブルトン語を話す。この菓子の名前、クイニー・アマンもブルトン語で、クイニーはお菓子、アマンはバターを表す。

　この菓子は、ドゥアルヌネのガブリエル広場でブーランジュリーを営んでいたイヴ＝ルネ・スコルディアが、急場しのぎで作ったお菓子だという。ある日のこと、思った以上に客が来店し、ついに売るものがなくなってしまった。そこでスコルディアは機転を利かせ、厨房にあった粉にバターと砂糖を混ぜ、即興でひとつのパンを焼き上げた。するとどうだろう、バターの風味豊かな、美味しいパン菓子が出来上がったのである。このころ、ブルターニュでは小麦粉が不足していたが、ブルターニュ特産のバターは豊富に手に入ったということで、このパン菓子には小麦粉の半分以上の量のバターが加えられていた。そうなるともう、パンというより菓子である。

　筆者も一度、クイニー・アマンを求めて、ドゥアルヌネを訪れたことがあるが、偶然、地元のジャーナリストに出会い、インタビューを受けてwebの記事に載ったことがある。我らがクイニー・アマンを求めて、日本から客が来た！と誇らしげであった。小ぶりのものや、天板いっぱいに焼いた量り売りのものなども見受けられる。

26

ブルターニュ地方

Far breton

ファー・ブルトン

厚めが美味しい、ブルターニュを代表するデザート

　日本でもすっかりブルターニュ菓子として知られるようになったファー・ブルトンは、クラフティーやフラン、またカヌレなど、穀物のお粥系のお菓子に分類される。作られたのは、19世紀とそれほど古くはない。なぜならば、ブルターニュは土地がやせていて麦が育たなかったからである。その代わり、中世に十字軍によって伝えられたそばの栽培には適しており、19世紀に鉄道が発達して麦を育てる飼料が運搬できるようになるまで、ガレット（そば粉のクレープ）が主食であった。

　パティスリーの他、ブーランジュリーでも販売しているが、その形状も様々で、一人分の型で焼いたものや、アルミの容器に直接生地を流してそのまま売るもの、大きな天板ごと、あるいは陶器の型で焼いて、切り分けた重さによって値段を変えて販売するものなどがある。いずれも焼き上がりの厚さは、2～3.5cm くらいだ。この厚さがファー・ブルトンのもちっとした美味しさを引き出すポイントでもある。

　生地は卵、砂糖、小麦粉、牛乳で構成され、プルーンを散らす。もっともイギリスに近いフィニステール県では、レーズンを散らしたものも見受けられる。また、ブルターニュ地方もりんご農家が多く、シードルなどを生産しているので、りんごを散らしたファー・ブルトンも美味しい。

Chapitre 2　郷土菓子

ブルターニュ地方

Gâteau breton

ガトー・ブルトン

しっとりした歯ごたえが後を引く贅沢なバター菓子

　ブルターニュ地方の銘菓。バターがたっぷり入り、厚手で大判、というのがこの菓子の特徴。ブルターニュの特産の有塩バターを使用する。当教室でも作っているが、保存ができ、お土産にも喜ばれると大人気の菓子だ。作るときのポイントは、バターと卵の水分をうまく乳化させるために、すべての材料を常温にしておくことだ。ラム酒で香り付けする他、レーズンやオレンジ、アンジェリカのコンフィ、アーモンドパウダー、りんごの薄切りなどを入れて作ることもある。現地では、かつては家庭で生地を仕込んで、村の共同窯やブーランジュリーに持ち込んで焼いてもらっていたという。焼いてから1〜2日おくとバターの香りも広がり、しっとり感も増す。

　地元のパティシエによると、大きさは直径12〜25cm、厚さは3〜4cm、表面は卵を塗ってツヤを出し、菱形の線描きを施すのが一般的とのことである。量り売りで販売する直径40cm以上の巨大なものもある。大判のガトー・ブルトンはしばしばパルドン祭というブルターニュの宗教行事などでふるまわれる。

　初めてこの菓子のレシピを世の中に公表したのは、モナコの宮廷や「ラデュレ」でパティシエを務めていたピエール・ラカンである。1865年のことだ。その2年後の1867年にガトー・ブルトンがパリ万国博覧会に出品されると、パリでも知られるようになる。

　1890年にラカンが出版した3冊目の本には、この菓子はブルターニュのガトー・デ・ロワ、1月6日のエピファニー（公現祭）に食べる菓子でもあるという記載がある。

65

ブルターニュ地方

Galette bretonne
ガレット・ブルトンヌ

特産の有塩バターが引き出すテロワールの味わい

　ガレットとは、平たくて丸い食べ物を指す。今から1万年前に農耕が始まり、収穫した麦をお粥にして食べていたが、ある日その水分を除いたものを石に広げて焼いたところから、ガレットの歴史は始まる。ブルトンヌというのは、「ブルターニュの」という形容詞だ。

　ガレット・ブルトンヌは、ブルターニュを代表するクッキーである。クッキーとビスケットは似ているが、クッキーは、ビスケットより油脂が多い焼き菓子を指すので、ブルターニュ特産のバターをふんだんに使用しているこの菓子はクッキーの部類に属す。ブルターニュのバター生産が他の地域のものと異なるのは、有塩バターを産する点である。有塩バターには2種類あり、塩分が1.5～3％のものはブール・ドゥミ・セル（Beurre demi-sel）と呼ばれ、塩分が3～5％のものはブール・サレ（Beurre salé）と呼ばれる。中にはフルール・ド・セルを混ぜるものもある。

　この菓子の醍醐味は、生地のサクサクとした食感だろう。その美味しさは、バターの性質が関係している。バターは、17％くらいの水分を含むので、焼いたときにその水分が蒸発し、空洞ができてサクサク感を生み出すのである。

　ブルターニュは、紀元4～5世紀ごろ、現在のイギリスからアングロ・サクソン人に追われたケルト人が流れてきて作った国である。のちに彼らがブルトン人として、ブルトン語や民族衣装、宗教建築などの独自の文化を作っていった。ガレット・ブルトンヌの元は、イギリスのショートブレッドではないかという説もある。

アンジェ

Crémet d'Anjou

クレメ・ダンジュ

サスティナブル意識から生まれたデザート

　クリーム・アンジェなどの名前で日本では親しまれているが、正式には、クレメ・ダンジュという。ロワール地方のアンジュー地域が発祥である。

　この地は、貴族であったアンジュー家が統一していたが、アンジュー家の一人ジョフロワ・プランタジネットが、イングランド王にしてノルマンディー公でもあったヘンリー1世の娘マチルダと12世紀初頭に結婚したことから、その子ヘンリー2世はイングランド、ノルマンディー、アンジューを手に入れ、さらに婚姻によってアキテーヌ地方も手にし、広大な領土を持つことになる。が、これが後に、イギリスとの百年戦争を引き起こす原因となった。

　クレメ・ダンジュは、もともとは消費期限切れ寸前の農家製の生クリームに、卵白などを混ぜて消費する食べ物だったといわれており、実際に売られるようになったのは20世紀初頭である。パティスリーではなく、チーズ専門店で見つけることが多い。乳製品を使って作るということもあるが、材料を混ぜた後、水気を切る必要があるため、穴開きのチーズの型を使って仕込む場合が多いからである。レストランのデザートとしてもポピュラーだ。現在では、フロマージュ・ブランという牛乳から作るフレッシュ・チーズを混ぜるレシピが主体となっている。筆者が初めて口にしたクレメ・ダンジュは、パリのレストランでであるが、シェフがこの地方の出身であったからである。似たようなデザートに、パリ近郊のフォンテーヌブローで作られている「フォンテーヌブロー」もあることを付け加えておく。

ラモット・ブーヴロン

Tarte Tatin

タルト・タタン

ハプニングから生まれた菓子が世界的スイーツに

　タルト・タタンは、失敗がもとで世に広まったお菓子ということで有名である。このお菓子は、サントル地方のロワレ県、ラモット・ブーヴロンのホテル・タタンの厨房で、19世紀終わりに作られた。当時評判だったこのホテルは、ステファニー・マリー・タタンとジュヌヴィエーヌ・カロリーヌ・タタンという姉妹が経営していた。ある日のこと、レストランは満席。二人は、あまりの忙しさにデザートを準備することを忘れてしまった。これに気が付いた姉妹の一人が、パニックになりタルト型にりんごをいきなり詰めて焼いてしまった。と、そこにやってきたもう一人の姉妹が、オーブンを開けてびっくり。生地がないことに気が付き、すぐに機転を利かせ、生地をかぶせて焼いたのだ。焼き上がってからタルトをおそるおそるひっくり返してみたら……。どうだろう、りんごは飴色に輝き、とろけるような食感となっている。その後、このお菓子の評判は町に広まり、ホテルの看板菓子となっていく。そして、そのレシピは姉妹亡き後も守られ、人々に愛されてきた。そんなある日、たまたまそこを訪れていたフランスの食通ジャーナリスト、キュルノンスキーの口に入り、その美味しさに記事を書かずにいられなくなる。するとたちまちパリでも評判になっていったのである。ホテル・タタンはオーナーが幾度と変わり、現在でも営業を続けており、訪れればタルト・タタンがいただける。

ピティヴィエ

Pithivier fondant

ピティヴィエ・フォンダン

アーモンドを味わう、もうひとつのピティヴィエ

　広く知られているピティヴィエという菓子は、フィユタージュ生地にアーモンドクリームが詰まったガレット・デ・ロワに似たものであるが、もとはといえば、このピティヴィエ・フォンダンが最初だ。これは、Pithivier ancien（ピティヴィエ・アンシアン＝昔のピティヴィエ）とも呼ばれる。しっとりしたアーモンド生地にフォンダンがかかっている。発祥は10世紀以前、サントル＝ヴァル・ド・ロワール地方ロワレ県のピティヴィエという町である。また、フィユタージュで覆われたアーモンドクリーム入りのピティヴィエは、このフォンダン・グラッセをもとに、フィユタージュが考案された18世紀以降に作られたと思われる。

　ピティヴィエにはもうひとつ、惣菜のピティヴィエも存在する。それはこんな伝説に由来している。16世紀、フランス王であったシャルル9世は、ピティヴィエの近くで強盗団に捕らえられてしまったが、強盗団はシャルル9世が国王であることを知り、ピティヴィエの職人にパテを作らせてご馳走した。すると王はそのパテを大変気に入り、その職人に王室御用達の権利を与えた。感激した職人は、パテを覆う生地の表面に王の馬車の車輪の模様を描いたという。後にこの生地の部分はフィユタージュになり、現在でも作られている肉やきのこが詰まったピティヴィエとなる。

　フィユタージュで覆われたピティヴィエは、ガレット・デ・ロワと混同されるが、ピティヴィエは通年通して作られるのに対して、ガレット・デ・ロワはエピファニー（公現祭）の時期のみということを特筆したい。

Visitandines
ヴィジタンディーヌ

ロレーヌ地方

宝石箱に収めたくなる愛らしい花の形

　卵白と、アーモンドパウダー、砂糖、バター、粉などで作るこの菓子の配合は、ほぼフィナンシェと同じである。しかし、ヴィジタンディーヌは、フィナンシェと名付けられる菓子の出現以前、17世紀にロレーヌ地方の Monastère de la Visitation（訪問修道院）で、すでに作られていた。訪問修道院の修道女たちをヴィジタンディーヌと呼んでおり、それがこの菓子の名前になった。訪問修道院は、フランスのアヌシーで1610年に設立され、パリをはじめとするフランスのいくつかの町、そして海外にも存在する。しかし、この菓子はロレーヌ地方の訪問修道院で最初に作られたため、ロレーヌ銘菓として伝わっているのだろう。当時、修道院では肉食が禁じられており、修道女たちは滋養のあるアーモンドを使ってお菓子を作ることが多かったのである。マカロンもそのひとつだ。

　マカロンも材料は同じで、形を変えて各地で広まったのと同様、この菓子ももともとはいくつかの修道院で同じような菓子が作られていたが、フランス革命で修道院が壊され、レシピが流出する。19世紀初頭にはその名が本に登場し、流行の菓子になっていた。そしてパリでは、証券所の近くのパティスリーがフィナンシェとして売り出したと考えられる（P.44参照）。フィナンシェが、金融家を相手に考案された札束型であるのなら、ヴィジタンディーヌは、女性に向かって微笑みかける花である。

Kouglof
クグロフ

アルザス地方

Chapitre 2 郷土菓子

アルザス人がこよなく愛する、陶器で焼く菓子

　フランス北東部、ドイツに隣接するアルザス地方の銘菓である。スフレンハイムという陶器のアトリエが軒を連ねる村で作られる、凹凸がある型で焼くのが一般的だ。型に描かれるモチーフは、アトリエによって異なる。陶器の型は、発酵生地のこの菓子をふんわりと優しい食感に仕上げるのには欠かせない。

　クグロフの前身は、オーストリアやドイツ、ポーランドなどかつて神聖ローマ帝国に属していた地域で作られていたと思われるが、フランスのクグロフに近いレシピが見出されたのは、19世紀初頭ということである。クグロフの発祥について、アルザス人は独自の話を語り伝えている。昔、リボヴィレ村に住む陶器職人が、キリストの誕生を祝うため東方からベツレヘムに向かう3人の聖人を自分の家に泊めた際、聖人たちはそのお礼に職人が作った珍しい型でお菓子を作ったという話である。クグロフのドイツ語の表記に「Gugelhupt」というものがあり、Gugel（グーゲル）には僧侶の帽子という意味があることから、この型の形は僧侶の帽子をかたどったものともいわれている。

　またクグロフは、しばしば「Kougelhof」（クーゲルホッフ）というドイツ語でも記されることもあり、「クーゲル」は「丸い形」、「ホフ」は「ビール酵母」を表す。かつてクグロフは、ドイツやアルザスの特産であるビールの酵母で発酵させていたらしい。

　クグロフにはマラガ産の干しぶどうを入れ、アーモンドを表面に飾る。そして焼き上がりに粉糖をかける。アルザスの白ワイン、リースリングと一緒なら、さらにアルザスらしい美味しさが増す。

77

アルザス地方

Chapitre 2　郷土菓子

Forêt noire

フォレ・ノワール

生まれはドイツ、チョコレートで黒い森を表現

　もともとはドイツ名、シュヴァルツヴェルダー・キルシュトルテと呼ばれるドイツの菓子である。シュヴァルツはドイツ語で黒、ヴェルダーは森という意味。南ドイツでフランスに隣接した、バーデン＝ヴュルテンベルク州に位置する土地名シュヴァルツヴァルトに由来する。そこは樹海のごとく黒い森が続く一帯であり、この菓子はその光景をイメージして作られた。最後に飾るコポー状、または削ったチョコレートがそんな森の様子を表している。使用するさくらんぼもこの地方の特産であり、さくらんぼはドイツ語でキルシュという。さくらんぼから造られる蒸留酒もキルシュと呼ぶが、その蒸留酒で風味付けたシロップを生地に打ちながら作る。

　蒸留酒のキルシュは、ドイツ語ではキルシュヴァッサーと呼ばれ、シュヴァルツヴァルトの名産品である。さくらんぼを発酵させて、6週間前後寝かせたあとに蒸留した無色透明のスピリッツ。アルコール度数は40％と高い。

　フランスではアルザス地方で主に作られている。アルザスは17世紀まではドイツに属しており、その後も戦争によりドイツ領となったこともあったため、この菓子をフランス名フォレ・ノワールとして、おのずと作られるようになった。アルザスもフルーツが豊富に生産される地域で、キルシュなどの蒸留酒のクオリティーは高い。

35 Tarte à la rhubarbe
ルバーブのタルト

アルザス地方

ルビー色が食欲をそそる寒冷地のデザート

　春から夏にかけてアルザス地方を訪ねると、パティスリーにルバーブのタルトが並んでいる。ルバーブは酸味が強いので、上にメレンゲをのせたバージョンが人気だ。マルシェにももちろん大量のルバーブが！ それを少年が買っていく。家でお母さんとタルトを作るという。

　ルバーブは、19世紀にフランスに持ち込まれた。寒冷地に育つため、アルザスのものが有名。茎の部分をコンポートやジャムにし、それらを使ってタルトを作る。りんごなどと一緒に煮るのも一案だ。原産はシベリア南部で、タデ科の多年生植物。日本では食用大黄といい、長野県で栽培されている。食物繊維が豊富なので、大腸がん予防や便秘解消に効果的とのことで根茎を漢方に用いる。赤茎と青茎があるが、色の違いは育つ土壌と環境の違いだそうだ。

Chapitre 2　郷土菓子

36 Brioche vendéenne
ブリオッシュ・ヴァンディエンヌ

ヴァンデ県

生地を編み込んだ、菓子のように甘美なパン

　ロワール地方の都市ナントの南、ヴァンデ県の伝統的なブリオッシュである。普通のブリオッシュより甘く、バターが少ないこと、そして生地を編み込むこと、オレンジフラワーウォーターと、土地柄 (P.83「ガトー・ナンテ」参照) ラム酒を加える場合もある。現地に行くと、三つ編みにしてそのまま焼いたもの、編み込んで長方形の型で焼いたもの、小舟形に切り込みを入れたものなどが見受けられる。手で裂くと、糸を引くような生地が特徴である。

　ブリオッシュの誕生については、はっきりとはわからないが、その多くはオレンジフラワーウォーターで香り付けしたものだったという。ルイ14世が、ブリオッシュ用のオレンジフラワーウォーターを作るため、自らオレンジの花を摘んでいたということから、18世紀にはすでに存在していたと思われる。

37

ナント

Gâteau nantais
ガトー・ナンテ

ラム酒が鍵、土地の歴史を語る銘菓

　ラム酒をふんだんに効かせた、しっとりしたアーモンド生地のお菓子である。普通、水か卵白で作る砂糖のグラサージュも、砂糖をラム酒だけでのばす。ここにこの菓子が生まれたロワール地方、ナントの歴史が詰まっているのだ。

　ナントは、ロワール川河岸に位置する港湾町で、16世紀初頭までブルターニュ公国の町として繁栄していたが、1488年、ブルターニュ公フランソワ2世が急死したため、11歳の一人娘、アンヌ・ド・ブルターニュが残された。そこにブルターニュ併合をもくろむフランスが攻め込み、やむなくアンヌはシャルル8世と結婚。しかし、シャルル8世が亡くなったため、ルイ12世と再婚し、両国の戦争を経て、ブルターニュはフランスへ併合されることになった。そして、ナントはその後の行政区部によりロワール地方に属すようになった。

　この菓子には、ナントの三角貿易の歴史が隠されている。17世紀、ナントは多くの黒人奴隷をアメリカ大陸やアンティル諸島に輸送し、ヨーロッパ大陸初のアフリカ奴隷貿易港となったのである。ナントから出発した大型奴隷船は、アフリカ大陸で地元の首長から奴隷を買い、アメリカ大陸やアンティル諸島へ彼らを運んでいった。そして、現地のプランテーションで生産された砂糖や香辛料、ラム酒などを積んで戻ってきたのである。ナントはこの三角貿易で巨額の富を得、ボルドーと並ぶ奴隷貿易都市のひとつになっていった。

　そんな歴史背景からできた菓子が、砂糖とラム酒を使用するガトー・ナンテである。ラム酒好きにはたまらない味だ。

38

ポワトゥー・シャラント地方

Broyé du Poitou

ブロワイエ・デュ・ポワトゥー

分け合ったそのひとかけらにも、バターの豊潤な香り

　バリバリッと豪快に割って食べるポワトゥー・シャラント地方の大判クッキーである。ブロワイエ（Broyé）は、「砕く」「粉にする」を意味する「broyer」という動詞から派生した名前である。頬張ると、バターのリッチな味わいが口いっぱいにひろがる。というのも、ポワトゥー・シャラント地方は、フランスに五つある A.O.P. 取得銘柄のバターのうち三つを生産するバターの名産地であり、そのバターを使用していることがこの菓子の最大の特徴であるからだ。

　フランスのバターで A.O.P. を取得しているのは、ノルマンディー地方のイズニー、ローヌ・アルプ地方のブレス、そしてポワトゥー・シャラント地方のシャラント・ポワトゥーである。これらのバターの風味の違いは、添加する乳酸菌によるところが大きい。かつてバターは自然に発酵するものだったが、殺菌技術導入後は、殺菌された乳を使用するようになったため、今ではわざわざ乳酸発酵させてかつての香りを再現しているのである。

　そんなバターの味を最大限に引き出したのがこのブロワイエだが、同地方にはガレット・シャランテーズという、こちらも大判の似たような菓子がある。こちらは、ドゥー・セーヴル県、ニオール産のアンジェリカが入る。アンジェリカは、17 世紀に北欧から伝わり、当時流行していたペストの治療薬として使用された。そんな経緯もあり、アンジェリカはフランス語でアンジェリック（天使）という名前が付いた。その後、砂糖を加えることによって日常的に食されるようになり、菓子にも使われるようになったのである。

39

ポワトゥー・シャラント地方

Tourteau fromagé

トゥルトー・フロマジェ

絹のような食感と味わいに驚く、黒いチーズケーキ

　今でこそ、パリでもチーズケーキが作られるようになったが、基本的にフランスではチーズを甘くして食べるという食文化がない。チーズは食後にワインと食べるものであり、家庭では 2、3 種類は冷蔵庫に常備している。そんな中、地方に行くと地方特有のチーズを使ったお菓子が伝統的に作られているところがある。コルシカ島のフィアドーヌ、ロワール地方のクレメ・ダンジュ、アルザス地方のドイツから伝わったチーズのタルト、そしてこのポワトゥー・シャラント地方のトルトゥー・フロマジェである。

　お皿のような形の専用の型に、パート・ブリゼを敷き、チーズ風味の柔らかい生地、そして表面はその生地のおこげで覆われている。現地の人は、この三つのパーツを一緒に口に運ばなければ、このお菓子の美味しさはわからないと言う。この菓子の名前、Tourteau（トゥルトー）はカニを表し、その黒い硬い部分が甲羅を想像させることに由来している。

　チーズは、伝統的には山羊のチーズを使う。伝説によると、735 年から 739 年にかけて起こったアラブとフランスの戦い「トゥール・ポワティエの戦い」の際、アラブ人が置き去りにした山羊の乳を使ってこのお菓子が作られるようになったというのである。名前や作り方が確立し始めたのが 19 世紀。当時は、Tourteau-Fromageou（トゥルトー・フロマジュー）と呼ばれていた。ポワティエからドゥー・セーブル県にかけて作られている。

40 Le Creusois
ル・クルーゾワ

リムーザン地方

地元のパティシエたちが復活させた、瓦で焼く銘菓

　リムーザン地方のヘーゼルナッツ風味の郷土菓子である。作り方としっとりとしたその味わいはフィナンシェに似ている。14世紀ごろにはすでに作られていたらしいが、一時期忘れ去られ、1696年にクルーズ県のクロ村の周辺の修道院を壊しているとき、羊皮紙に書かれたレシピが見つかった。そして、そのレシピには、Cuit en tuile creuse（瓦のへこんだところで焼く）とあったという伝説が伝わっている。

　クロ村は、中世の塔や教会が残る小高い丘の村で、瓦の名産地でもあるため、菓子作りに瓦が使われたのであろう。クルーズ県には、土産菓子として旅行者が持ち帰ることができるル・クルーゾワを普及させるためのル・クルーゾワ協会も設立されており、30軒以上のパティスリーとブーランジュリーが会員として名を連ね、共通のレシピ、パッケージでル・クルーゾワを販売している。

41 Nougat de Tours
ヌガー・ド・トゥール

トゥール

レオナルド・ダ・ヴィンチも愛した菓子

　ロワール渓谷の町、トゥール周辺の銘菓である。さくさくのパート・シュクレ（甘いタルト生地）にアプリコットジャムを塗り、フルーツの砂糖漬けを散らし、マカロナードと呼ばれるアーモンド風味の卵白生地をのせて焼く。優しいマカロナードの味わいと甘ずっぱいフルーツが、軽快な美味しさを生み出している。ヌガーと呼ばれるのは、コンフィズリーのヌガー同様、砂糖漬けフルーツと卵白を使用しているからである。この菓子の起源は16世紀にさかのぼるという。16世紀初頭のフランス王、フランソワ1世は、イタリアのルネッサンスに憧れレオナルド・ダ・ヴィンチを呼び寄せたが、この菓子はレオナルド・ダ・ヴィンチの好物だったと伝えられている。

Chapitre 2　郷土菓子

ローヌ・アルプ地方

Galette bressane

ガレット・ブレッサンヌ

乳製品へのリスペクトとプライドを感じる一品

　リヨンを中心とするローヌ・アルプ地方でしばしば見かけるポピュラーなおやつ菓子である。ブリオッシュ生地に砂糖とクリームをのせて焼くだけのシンプルな菓子であるが、一度食べたら忘れられない美味しさだ。仕立て方は、北フランスの砂糖のタルトやペルージュのガレット・ペルージエンヌと似た系統のものである。店によっては、ブリオッシュ・サン・ジュニ（P.97）などにも使用する赤いプラリネを上に散らすところもある。

　この菓子の醍醐味は、なんといってもクリームの品質に負うところが大きい。使用するクリームは、普通の生クリームではなく、クレーム・エペス（Crème épaisse）と呼ばれる少し硬めのクリームだ。それも、リヨンの北東、アン県のブール＝カン＝ブレス周辺で生産されるクリームを使用すれば文句なく美味しい。

　この地域は、A.O.P.（原産地呼称保護）を取得している「ブレス家禽」を生産していることで有名。その飼育法として、1羽あたり最低10平方メートルの土地で自由に動き回れることや、餌はトウモロコシを与えるなどの基準をクリアしているフランス最高峰の鶏である。トウモロコシを栽培するその土地は、牛が食べる草を育てるためにも適しており、そのおかげでこの地では良質の牛乳から美味しいクリーム・エペスが作られているのだ。こちらもA.O.P.を取得しており、大変クリーミーな食感でビロードのようなツヤがあり、酸味の中におだやかな甘さも感じるそのクリームはそのまま食べても美味しいが、ブリオッシュ生地とともに火を通した味わいもまた格別である。

Galette pérougienne
ガレット・ペルージエンヌ

ローヌ・アルプ地方

ブレスの濃厚なクリームを添えていただく砂糖のガレット

　17世紀のブルボン朝で活躍した軍人、ダルタニアンを描いたアレクサンドル・デュマ・ペールの小説『三銃士』の映画のロケ地として登場する、中世の面影を残すペルージュの銘菓である。ペルージュは、リヨンの北東、ローヌ平野の小高い丘の上にある石畳の美しい町で、15世紀から18世紀にかけて麻を使った織物業が盛んだったため、リヨンからジュネーブを行き来する人々が立ち寄る村でもあった。

　この村のオーベルジュ「Hotellerie du Vieux Pérouges」（オステルリー・デュ・ヴュー・ペルージュ）で1900年初頭から作られてきたお菓子がこのガレット・ペルージエンヌだ。その前身は、かつて復活祭の時期に食べていた砂糖のガレットであった。それをオーベルジュの看板商品に仕立てたのが、経営者夫妻だった。作り方はシンプルだ。レモンの皮のすりおろしを混ぜた生地を発酵させて平たく伸ばし、ピケして、バターと砂糖を塗り、オーブンに入れるだけ。フランスの家庭にある材料、小麦粉とバター、砂糖、卵で作られる平たいパン菓子のひとつであるが、表面のかりかりした食感と生地の柔らかさのコントラストが魅力の一品である。そして、食べるときには良質な乳製品で有名な地域、ブレスで生産される濃厚なクリーム、クレーム・エペスを添える。生地には、フランス全土で5箇所にしか与えられていないA.O.P.（原産地呼称保護）を取得しているブレス産のバターを使用している。

　このオーベルジュに宿泊すると、朝食に、前日に残ったこの菓子を温めて出してくれる。一度作れば、朝、昼、おやつ、ディナーのデザートとして大活躍する一品でもある。

Gâteau de Savoie
ガトー・ド・サヴォワ

サヴォワ地方

孫が公爵に。伯爵の夢を託したお城のケーキ

　美食を外交の味方につけるという方法はいかにもフランスらしい。このお菓子が生まれたのも、そのような背景があった。14世紀、当時サヴォワ地方を治めていたサヴォワ伯爵アメデ6世は、ある日、自らの宗主である神聖ローマ帝国皇帝、ルクセンブルクのカール4世をシャンベリーのお城の晩餐にお招きすることになった。かねてから伯爵は、自分の位をあげてほしいと望んでいたのだが、この晩餐会がそのチャンスであった。ぜひここで自分の威厳を示し、皇帝をうならせたいと、自身の城の形を表現したお菓子を作らせた。それがこのガトー・ド・サヴォワだといわれている。今まで見たこともない雄大な形、味わったことのない軽い食感のこのお菓子を口にした皇帝は、あまりの美味しさに感動し、シャンベリーの滞在を延ばすことにしたという。しかし残念ながら、アメデ6世は公爵位をもらうことはできなかったが、後の15世紀に孫のアメデ8世が公爵となっている。

　このお菓子は、卵、粉、砂糖で構成され、レモンで香り付けした優しい味のシンプルなお菓子であるが、その型は統一されていない。同じサヴォワの地域でも、場所が変われば形も変わる。というのは、かつては山が人々の交流を妨げていたので、ひとつの形に統一することはむずかしく、それぞれの村で型を作ってお菓子を仕上げていたからだ。

　なお、ヨーロッパの貴族の爵位は、公爵、侯爵、伯爵、子爵、男爵の順にその権力を表す。

Brioche St.Genix
ブリオッシュ・サン・ジュニ

サヴォワ地方

人々を災害から守ってくれる聖人の乳房を表現

　赤いプラリネと白いパールシュガーは、サヴォワの旗の色を表している。このブリオッシュは、サヴォワ地方、サン・ジュニ・シュル・ギエールの「ラビュリー」というブーランジュリーで19世紀に作られ、広く知れ渡るようになった。赤いプラリネは、サヴォワを含むローヌ・アルプ地方でしばしば菓子に使われる素材である。そしてブリオッシュ菓子は、ある殉教者の乳房を表している。

　その殉教者は、3世紀、シチリアのカターニャに生まれたアガタという美しい女性である。アガタを気に入ったローマ執政官が結婚を申し込むのだが、彼女は断ってしまう。すると拷問にかけられ、挙句の果て、アガタの乳房は切り落とされてしまった。しかし翌日には乳房は再生されたという。アガタが亡くなった後、エトナ山が噴火し、溶岩がアガタの墓を覆いそうになると、人々はそれを防いだ。そしてそこを中心に町ができ、やがてアガタは聖人に選ばれ、地震や火山噴火、火事に対する守り神となったのである。

　なぜシチリアの聖アガタを偲ぶ菓子が、サヴォワで作られるようになったかというと、1713年のスペイン継承戦争で、サヴォワ家がシチリアの王位を獲得したことから、サヴォワにもこの伝説が伝えられたからである。

　シチリアでも、アガタの乳房をかたどったミンネ・ディ・サンタガタという菓子がある。スポンジ生地とリコッタチーズをマジパンで覆い、ドレンチェリーを飾る菓子だ。毎年2月3日から、聖アガタの記念日である2月5日に開催される聖アガタ祭りでふるまわれる。

ご購入いただいた本のタイトル　　　　ご記入日：　　　年　　月　　日

●普段どのような媒体をご覧になっていますか？（雑誌名等、具体的に）

雑誌（　　　　　　　　　　　　　　　　）　WEBサイト（　　　　　　　　　　　　　　）

●この本についてのご意見・ご感想をお聞かせください。

●今後、小社より出版をご希望の企画・テーマがございましたら、ぜひお聞かせください。

お客様のご感想を新聞等の広告媒体や、小社Facebook・Twitterに匿名で紹介させていただく場合がございます。不可の場合のみ「いいえ」に○を付けて下さい。		いいえ
性別　男・女	年齢　　　　　　歳	ご職業
フリガナ お名前		
ご住所（〒　　　—　　　　　）　　TEL		
e-mail 　　　　　　　PIEメルマガをご希望の場合は「はい」に○を付けて下さい。		はい

ご記入ありがとうございました。お送りいただいた愛読者カードはアフターサービス・新刊案内・
マーケティング資料・今後の企画の参考とさせていただき、それ以外の目的では使用いたしません。
読者カードをお送りいただいた方の中から抽選で粗品をさしあげます。

5895 宝石菓子

郵 便 は が き

1 7 0 8 7 8 0

0 5 2

━━━━━━
料金受取人払郵便

豊島局承認

5205

差出有効期間
2026年4月30日
まで

東京都豊島区南大塚2-32-4
パイ インターナショナル 行

‖‖‖‖‖‖‖‖‖‖‖‖‖‖‖‖‖‖‖‖‖‖‖‖‖‖‖‖‖‖‖‖‖‖‖‖‖

追加書籍をご注文の場合は以下にご記入ください

●小社書籍のご注文は、下記の注文欄をご利用下さい。**宅配便の代引**にてお届けします。代引手数料と送料は、ご注文合計金額(税抜)が5,000円以上の場合は無料、同未満の場合は代引手数料300円(税抜)、送料600円(税抜・全国一律)。乱丁・落丁以外のご返品はお受けしかねますのでご了承ください。

ご注文書籍名	冊数	お支払額
	冊	円
	冊	円
	冊	円
	冊	円

●**お届け先は裏面に**ご記載ください。
　(発送日、品切れ商品のご連絡をいたしますので、必ずお電話番号をご記入ください。)
●電話やFAX、小社WEBサイトでもご注文を承ります。
　https://www.pie.co.jp　TEL:03-3944-3981　FAX:03-5395-4830

ケルシー

46

Quercy noix
ケルシー・ノワ

クルミの産地で作られる素朴なおやつ

　ケルシーというのは、アキテーヌ地方のロット゠エ゠ガロンヌ県の北部にあたる地域で、クルミの産地としてつとに有名。この菓子は、筆者がケルシー出身のマダムに教わったもので、クルミを使ったお菓子として家庭で代々作られてきたお菓子である。粉の代わりにパン粉を少々混ぜるだけ。クルミの風味を100％生かした家庭菓子である。現地のパティスリーでは、キャラメリゼさせたクルミが山盛りのタルトレットが主流。

　ケルシーのクルミの品種は10種類以上あり、用途別に流通する。製菓用は殻から丸ごと美しく取り出したもの。クルミオイル用には、殻が硬いものを使う。最高品種は、グランジャン（Grandgean）と呼ばれるもので、実が柔らかいのが特徴だ。

　日本では栃の実、松の実と並んで、クルミは縄文時代から存在していた。日本のクルミは上品な味わいがあり、渋みが少なく、脂ののったキメの細かい肉質が特徴だ。もともと収穫を期待したものではなく、防風林として植えられたものが多い。9月下旬になると、薄緑色の外皮が朽ちて割れ始め、そこをたたいて落とし、10月中旬に収穫する。

　クルミはチョコレートにもよく合う。クルミ入りの菓子で日本の定番といえば、ブラウニーや「トップス」のチョコレートケーキだろうか。トップスのケーキは、クルミの大きさといい、食感といい、品質を守っているところがベストセラーの理由のひとつのような気がする。

Clafoutis
クラフティー

コレーズ県

ママンの味が最高、最もポピュラーな家庭菓子

　この菓子は、フランやファー・ブルトン同様、もちっとした食感と卵の味わいが人気の、粥菓子の仲間である。こうした麦の粥は、人類が初めて調理して食べたものだといわれている。

　農耕は、今から1万年前、チグリス・ユーフラテス川を結ぶ肥沃な三日月地帯で始まった。当時栽培していた小麦は外皮が硬く調理しにくかったが、大麦は煮れば食べられた。さらに水分を取り除いて、濃厚な部分だけを熱した石の上に広げて焼いたら、硬めの無発酵パンになったし、放置しておいた粥の表面がぶくぶくとふくらんでいたのを捨てる前に焼いてみたら、軽い食べ物になった。これが発酵パンの前身である。また、温かい場所で泡を発していた粥を飲んでみたら気分がよくなった。これがビールの始まりといわれている。

　クラフティーはすでに日本でも知られているが、もともとはリムーザン地方のコレーズ県のブラックチェリーを使用した家庭菓子である。家にある型に卵、砂糖、小麦粉、牛乳を混ぜたものを流して、チェリーを散らして焼く気軽な菓子だ。

　クラフティーにはさくらんぼを使用するのがお決まりだが、りんごや洋梨など他のフルーツを使用する場合はクラフティーと呼ばず、フロニャルド（Flaugnarde）という別名の菓子になり、これもリムーザンの郷土菓子として、家庭やオーヴェルジュなどで作られている。

　ちなみにクラフティーという名前は、フランスの古語、Claufir（釘のくっつく）に由来しており、釘はさくらんぼの種を指す。種ごとさくらんぼを散らして、ふっくらとしたその食感を楽しむお菓子でもある。

ボルドー

Cannelé
カヌレ

ボルドーの町おこしに一役買う修道院菓子

　フランス人が皆、フランス全土のお菓子を知っているかというとそうではない。例えば、このカヌレ。これはフランス南西部、ワイン生産地で有名なボルドーの焼き菓子であるが、パリっ子たちが知らない間に日本で流行り始めてしまった。パリでフランスの地方の菓子が売られている場合、その店のシェフが地方出身の者である場合が多い。その後、カヌレはパリでも作られるようになったが、それも南西部出身の職人が作り始めたのがきっかけである。

　カヌレの元となったお菓子は、かつて修道院で作られていたといわれている。当時のレシピは、小麦粉の代わりにトウモロコシ粉が使用されていた。トウモロコシは、大航海時代、コロンブスがスペインに持ち帰り、フランス南西部でも栽培されるようになった。現在でもランド地方のフォアグラの飼育に使用されている。

　フランス革命にて修道院が破壊され、いっときカヌレは忘れられた存在になっていたが、このボルドーの銘菓を多くの人に知ってもらおうと、1985年にボルドー・カヌレ協会が設立され、普及活動を始めた。カヌレを焼くのに欠かせないのは、溝のある銅の型。カヌレ（Cannlé）とは、溝のある、という意味なので、カヌレという名前はここから付けられたという説もある。型の内側に蜜ろうを塗るのが基本の作り方のようであるが、蜜ろうとはみつばちの巣の主成分で、主にろうそくや化粧品に使われる。修道院では、ろうそくを作るために蜜ろうを使用していたので、この菓子と修道院との関連性はそんなところからも見え隠れする。

103

ランド県

Pastis landais

パスティス・ランデ

名前はオック語から、親しみを感じる甘食のような味

　フランス南西部、アキテーヌ地方のランド県あたりで作られている菓子である。パスティスというと、南仏で飲まれているリキュールのパスティスと関係があるのかとよく聞かれるが、関係はない。リキュールのパスティスは、マルセイユ産のスターアニスとリコリス、フェンネルによって風味付けられ、アルコール度数40〜45度と高い。特徴は、水で割ると白濁することである。アニス風味が強くくせがあるが、南仏で修業したパティシエなどは、懐かしい味だと言って好んで飲む。

　菓子のパスティスの名前は、ラテン語のpastaに由来しているという。それはいわゆるpâteという生地を意味する言葉となり、この地ではオック語（フランス南部、ロワール川以南で使われる言葉）を介し、パスティスとなった。いつごろから作られているかは定かではないが、19世紀にはすでに作られていた。当初は、結婚式やコミュニオン（聖体拝領）などのお祝いの席で食されていた。

　パスティスは発酵生地のものが多いようであるが、筆者が現地の職人から譲り受けたレシピは、無発酵のオレンジフラワーウォーターとラム酒で香り付けされたものである。型は周囲に凹凸のあるブリオッシュ型を用いるのが一般的だ。フランス南部は乳製品を生産しないため、伝統的にバター含有量が北フランスやアルザスなどの菓子に比べて少なく、シンプルで飽きのこない味だ。朝食、おやつ、そしてデザートとして食べても美味しい。また薄く切ってフォアグラと一緒にいただくのもこの地ならでは。ランド周辺はフォアグラの産地でも有名である。

バスク地方

Chapitre 2　郷土菓子

Béret basque

ベレ・バスク

ベレー帽の習慣とショコラの歴史を語る一品

　スペインに隣接しているバスク地方は、独特の習慣を持つ。男性がしばしばベレー帽をかぶっているのもそのひとつ。これは、1830年代のカルリスタ戦争で、スペインと戦った義勇兵が着用していたことから継承されている習慣だ。ベレー帽は皆同じかと思いきや、その専門店には様々なデザインがあり、かぶり方のセンスが問われるようである。この菓子は、そんなベレー帽を模して、スポンジとチョコレートクリーム（ガナッシュの場合もある）で構成されている。なぜチョコレートかというと理由がある。15世紀以来ポルトガルを追われたユダヤ人が、バイヨンヌにフランスで初めてチョコレートアトリエを作ったという歴史があるからだ。

　現在私たちが食べている板チョコは、1828年、オランダのヴァン・ホーテンが、カカオからカカオバターとココアを抽出するのに成功したことがきっかけとなっている。その後、イギリスのフライ社が1847年にココアと砂糖、カカオバターを混ぜて、世界で初めて食べるチョコレート、つまり板チョコを作ったと伝えられている。それ以前は、石のメターテ（カカオをすりつぶすための作業台）を使ってカカオ豆をつぶして塊にし、溶かして飲む飲み物だった。その作業に長けていたのが、ユダヤ系のスペイン人やポルトガル人だったのである。そんな歴史もあるため、バイヨンヌではショコラティエ訪問も楽しみたい。

107

51

Gâteau basque
ガトー・バスク

バスク人の歴史と誇りが詰まった郷土菓子

　ガトー・バスクは、フランス・バスク地方で17世紀ごろに生まれたお菓子である。当初は、バターの代わりに豚の脂を使用し、小麦粉の代わりにトウモロコシ粉、砂糖の代わりにはちみつを使って生地を作っていた。そして、土地で採れるいちじくやプラム、さくらんぼのジャムを生地に詰めて焼いていたのである。そのうち、生産されるフルーツが淘汰され、イツァスー村のさくらんぼが残り、そのさくらんぼのジャムをガトー・バスクに使用するようになっていったのである。しかし、今では、ジャムよりカスタードクリームを挟んだガトー・バスクが主流になってきている。バスク地方は、フランスとスペインにまたがる地域で、フランス側三領域、スペイン側四領域（三つの県とひとつの自治州）で構成されている。この七という数字は、バスク地方に伝わるバスクリネンの模様の七本のラインにも表れている。バスクの人々は、赤や緑のこのバスクラインが描かれたテーブルクロスのかかっているテーブルで食事をすることが多いが、そんな見慣れた光景の中にも、バスク人同士の結束が見え隠れする。生地は大まかに分けると二通りある。パート・シュクレのような比較的硬い生地のもの。そして、しっとりとした半生焼き菓子のような生地のタイプもよく見かける。

　表面には十字模様が刻まれていることが多い。これはバスクの十字架で、太陽や土、水、風を表すといわれている。

アヴェロン県

Rissoles
リソル

中世のパティスリーで作られた断食前のお楽しみ

　リソルは、主にミディ・ピレネー地方アヴェロン県あたりで、12世紀ごろから作られ、一年に一度、復活祭に関連するカーニバル（謝肉祭）の最終日であるマルディ・グラ（脂の火曜日）に食べられていたという。この日は、翌日からの断食にそなえて肉や菓子をたらふく食べるのである。マルディ・グラで食されていた代表的な菓子は、揚げ菓子やクレープ、ワッフルなどだ。それらにおける共通点は、かまどがなくても大勢の前で焚き火をおこして作ることができるというものである。

　伝統的には、生地に地元産のチーズかアジャンで生産された干しプラムを挟んで、揚げたり焼いたりした。中世においては、どのような生地が使われていたかうかがい知れないが、時代を経て、それはパート・ブリゼやフィユタージュになっていく。リソルは当時、パティスリーで作られていた。パティスリーはもともと菓子を売る店ではなく、パート（生地）を扱っており、肉やチーズを詰めて生地で覆って焼くパテなどを作っていたのである。一方、菓子は当時パン屋が作っていたが、1440年にパティシエの権利と義務を取り決めた規約をパティシエ組合が受け入れ、パン屋で作っていた菓子をパティスリーで作ることとなった。以来、パティスリーは、惣菜も菓子も同時に販売する店として発展していったのである。そして、リソルも豚や子牛の肉を詰めたものなどバリエーションが増していった。

53

ミディ・ピレネー地方

Croustade aux pommes
クルスタッド・オ・ポム

アラブ人侵攻の歴史を今に伝える薄い生地

　フランス南西部、主にミディ・ピレネー地方に伝わる郷土菓子である。パータ・フィロ（pâte à filo）という薄い生地を3枚くらい重ねて焼く。パータ・フィロはアラブ菓子、バクラヴァなどに使われる生地だが、732年のアラブ人（ウマイヤ朝）とのトゥール・ポワティエの戦いの際、滞在していたアラブ人が、現地の女性にその製法を伝えたといわれている。フィユタージュ(折パイ生地)のヒントになった生地とも伝え聞く。

　クルスタッド・オ・ポムは、地域によって呼び方が異なる。ケルシー地方ではパスティス（同名の形の異なる焼き菓子も存在する）、ランド地方ではトゥルティエール、その他の地方ではクルスタッドと呼ばれている。新聞の字がすけて見えるほど薄いこの生地を作るには、広くて涼しい空間が必要である。粉と水、オイルなどを混ぜた生地を、両手で丁寧にのばしていく。生地はすぐに乾いてしまうので、溶かしバターなどを塗ってタルト型に敷き、アーモンドクリームを絞ったらりんごを並べ、生地で覆ってオーブンで焼く。出来上がりには、同地域のアルマニャックで生産される蒸留酒、アルマニャックをふりかけるのが伝統。

　この生地にりんごなどを巻けば、ウィーン銘菓のアプフェルシュトゥルーデルになる。こちらもルーツはアラブといえよう。15世紀後半からオスマン帝国に支配されていたハンガリーは、1541年、その一部をオーストリアのハプスブルク家に分割されたという歴史があり、ハンガリー経由でシュトゥルーデルはウィーンに伝わったと憶測する。

ペルピニャン

Chapitre 2　郷土菓子

Crème catalane

クレーム・カタラーヌ

カタルーニャで生まれたクレーム・ブリュレの前身

　クレーム・ブリュレの元となった菓子といわれている、スペインのバルセロナを州都とするカタルーニャ地方の伝統菓子であるが、ラングドック・ルション地方のペルピニャン周辺でも作られている。というのは、このあたりはかつてバルセロナ伯領となった時期があったため、今でも北カタルーニャ地方と呼ばれ、カタルーニャ料理や菓子が伝統として残っているからである。

　スペイン語ではクレマ・カタラーナ（Crema Catalana）と呼び、かつては3月19日の守護聖人サン・ホセの祭りに食べる菓子だった。材料は卵、牛乳、砂糖の他、コーンスターチを入れるのが特徴。言い伝えによると、修道院でプリンのような菓子を作っていたとき、卵液が固まらなかったので、コーンスターチを加えて固めたというのである。レモンやオレンジの皮などで風味付けする。

　私がこの菓子と最初に出会ったのは、フランス人の友達家族とスペイン旅行をしたときだ。その友人家族は、前年にも車で南スペインを旅したのだが、スリに遭い、荷物をすべて奪われてしまったというので、翌年リベンジのスペイン旅行に私を誘ってくれた。にもかかわらず、彼らと折りが合わず途中で別れ別行動となってしまった。仕方ないので、夜は一人でレストランに。そこで出てきたのがこのデザートだった。もう一歩譲る心がなかった自分を後悔しながら食べたクレーム・カタラーヌ。キャラメリゼが甘苦かった。

115

Tarte tropézienne
タルト・トロペジエンヌ

サントロペ

Chapitre 2 郷土菓子

南仏リゾート地を代表する菓子は、女優が命名

　南仏の港町、サントロペのパティスリー、ミカ（Micka）の創業者、ポーランド人のアレクサンドル・ミカが1950年ごろ考案したブリオッシュ菓子である。名付け親は、女優のブリジッド・バルドーといわれている。1920年代にパリの劇場経営者がサントロペ出身の女性と結婚したことで、有名人がこの土地を訪ねるようになる。そんな折り、映画の撮影でこの地を訪れていたブリジッド・バルドーにアレクサンドルがこの菓子を作ったところ、大変気に入り、町の名前からヒントを得てタルト・トロペジエンヌと名前を付けたという。映画人たちのお気に入りだった港の老舗カフェ「セネキエ」でも、この菓子がいただける。ここは今でも夏にスターたちがお忍びでやってくる。

　タルト・トロペジエンヌは、その後、他の店でも作られるようになり、「ミカ」が閉店した今でも、フランス菓子として定着している。実はこの大元のレシピは、彼の祖母から伝えられたものだという。祖母が作ってくれたお菓子、それはポーランドの伝統菓子ババカではないかと思われる。発酵生地のパン菓子だ。そんなババカ生地に、アレクサンドル・ミカは、クリームを詰めて、上に砂糖を散らし、独自のスタイルで売り出したのである。クリームは、カスタードクリームに生クリームを加えたものが主流である。本家「ミカ」のタルト・トロペジエンヌには、白とブラウンの角砂糖を砕いたものがふりかけてあったのが印象的だ。そして美味しさの一番のポイントは、生地とクリームのバランスだ。また、オレンジの花の水のシロップを生地にしみこませれば、南仏らしさもアップする。

117

Fiadone
フィアドーヌ

コルシカ

フランスでも珍しいチーズの菓子は時期限定

　コルシカを訪ねた際、現地のママンから、帰り際に食品保存容器に詰めて自家製のこのお菓子を、飛行機の中で食べてと渡され、感動した記憶がある。コルシカ人は結束力が強い。この地は、紀元前3世紀から紀元4世紀までローマの影響を受けたあと、ビザンチンやサラセン人の執拗な侵略を受け、人々は海岸から遠くはなれた岩山などに隠れ住むようになった。彼らの内陸的気質はこの時期形成されたものといわれている。そんな歴史もあり、一度コルシカ人と仲良くなると、家族のように接してくれるのだ。

　フィアドーヌは、家庭やレストラン、そしてマルシェで日常的に見かけるチーズのお菓子である。ただし使用されているブロッチュと呼ばれるチーズが出回っている期間だけしか食べられない。コルシカは、気候的に牛の食べる草が生育しないので、牛乳で作るチーズはない。その代わりに育てられるのが、山羊や羊である。ブロッチュは、山羊のみ、あるいは山羊と羊の乳を混ぜて作る熟成させないフレッシュなチーズで、春から秋と製造期間が限られているため、フィアドーヌはこの期間に作られる。

　食文化は、イタリアのそれに近い。中世から18世紀にかけて、ピサ共和国、ジェノヴァ共和国による支配が続いたためである。フランスに併合されたのは、ルイ15世の時代、1769年である。コルシカ出身の皇帝ナポレオンの母がパリを訪れた際、ブロッチュが食べたくて取り寄せたという逸話が残されている。

フランス郷土菓子概論

　フランス菓子というと、パリで見かける華やかな菓子をイメージする人が多いと思うが、フランスの地方で作り続けられている素朴な郷土菓子たちもフランス菓子である。それらは、宮廷からのレシピを引き継いだパリの菓子とは対極にある、フランスのテロワールを感じさせる菓子たちだ。その特徴は、地方に根付く文化、歴史、人々のエスプリが投影されていること。そしてそこで育まれた素材を活かして作られることである。

　フランス郷土菓子が生まれた背景には、四つの要因があると考えられる。

1.環境

　土地の素材、小麦粉と砂糖、卵を使えば、簡単におやつ菓子を作ることができる。例えば、ノルマンディー地方だったら、そこにりんごの木があったからりんごのタルトやドゥイヨンを作るようになった（ここで知っておきたいのは、りんごを使うタルト・タタンは、フランス人でさえノルマンディー生まれと思っている人がいるが、サントル地方の生まれである）。上質なクルミが手に入るグルノーブルやペリゴールでは、クルミの菓子を作ろうと思うだろう。また、ブルターニュやポワトゥー・シャラント地方では、良質のバターやクリームで、クイニー・アマンやガレット・ブレッサンヌを作ることができたのである。また、リムーザン地方やバスク地方では、土地のさくらんぼを利用したクラフティーやガトー・バスクが伝統的に作り続けられている。コート・ダジュールの海辺の町、レモンの産地であるマントンに行けば、美味しいレモンのタルトが味わえる。

2.人々の移動

　婚姻、侵略や戦争が主である。例えばアルザス地方は、1870年の普仏戦争から、ドイツになったりフランスに戻ったりしているが故に、ドイツの食文化が色濃く残っている。そんな中で作られたのが、ドイツ菓子のフォレ・ノワールやチーズを使ったタルトだ。今でもアルザスを訪れれば、パティスリーに並んでいる。また、8世紀のトゥール・ポワティエの戦いの際に、アラブ人が南西部に伝えた菓子が、アラブ菓子によく使用されるパータ・フィロという生地で作るクルスタッド・オ・ポムであっ

た。婚姻によって伝わった主な菓子は二つ。パン・デピスとマカロンである。パン・デピスは、中世にアラブの国から十字軍がヨーロッパに持ち帰り、主にフランドル地方で作られていたが、かねてからフランドル地方と交流のあったブルゴーニュ公国にフランドルのマルグリット王女が嫁入りすることによって、ブルゴーニュにパン・デピスが伝わった。マカロンは、1533年にイタリアのメディチ家からアンリ2世に嫁入りしたカトリーヌ・ド・メディシスにより、フランス全土に広まることになった。

3.修道院

修道院で作られ、広まった菓子も少なくない。もともと修道院は自給自足であり、菓子も作っていた。しかし、そのレシピは公にされるものではなかった。ところが、1789年のフランス革命によって、王侯貴族と癒着していた教会や修道院は革命派に破壊され、修道士や修道女は行き場がなくなって町に出ることになり、マカロンやル・クルーゾワ、カヌレなどの修道院のレシピが庶民にも伝えられるようになっていく。

4.キリスト教と それに関係するお祭り

キリスト教を背景に生まれたその土地独特の菓子も少なくない。例えば、アルザスであったら、ビュッシュ・ド・ノエルの代わりに、ヴェラベッカやパン・デピスを食べるし、復活祭では、アニョー・パスカルと呼ばれる仔羊型の菓子を作る。南仏では、トレイズ・デセールという南仏の特産であるヌガーやカリッソン、フリュイ・コンフィなどとオリーブオイルで作ったブリオッシュを真ん中に、13種類の菓子をいただく。

復活祭の断食前のマルディ・グラでは、ベニエ、クレープ、ワッフルなどを食すのが習わしであったが、ベニエは主に南の地域、クレープはブルターニュ、ワッフルは北フランスとこちらもそれぞれ郷土色がある。

以上のような経緯で作られるようになった郷土菓子たちは、地元の人の誇りである。それは、ひとつひとつの菓子の背景を理解しているから。フランス郷土菓子を理解すること、それはフランスという国を知ることにもなるだろう。

Colonne 2

代々伝わるセピア色の郷土菓子レシピ

　自身の教室で、フランスの地方菓子を教えているが、どのようにレシピを入手したのかとよく聞かれる。それは簡単には答えられないが、現地に赴いて作っている人から直接教えてもらうものと、文献をひたすら調べて現地のものを食べて、それを形にする、というパターンが主である。しかし、教えてもらうといってもそう一筋縄にはいかない。例えば、リムーザン地方でたまたま訪れたオーベルジュのマダムにル・クルーゾワという菓子の作り方を尋ねてみたが、5世代続くレシピをそう簡単には教えられないと断られてしまった。しかし、そこで引き下がらない。その菓子について知りうる限りの知識を語ると、ほうっという顔をされ、それからは心を開いて、セピア色のおばあちゃんのレシピを写してくれたのだ。

　かたや、オーヴェルニュのタクシーの運転手と菓子の話をしていたときのこと。「僕もタルトを作るよ」と言うから、レシピを知りたいと言ったら、降ろしてもらったレストランに迎えに来てくれたときに、自ら書いたレシピを手渡してくれた。それは地元の素材をふんだんに使った菓子だった。クイニー・アマンを求めて、ブルターニュのドゥアルヌネを訪ねたときは、偶然居合わせたジャーナリストに、わざわざクイニー・アマンのために遠い日本からこの町に来たという見出しで記事にしてもらったこともある。

フランス人は、他の地方の菓子には興味がないが、自分の国の郷土菓子には誇りを持っている。カヌレやクイニー・アマンはパリでも見かけるようになったが、それらがパリで作られるようになった理由は、その地方出身のパティシエが作り出したからである。

　郷土菓子を2倍楽しみたかったら、その土地のワインを合わせることをお勧めする。地方を訪れて、パティスリーで郷土菓子をご馳走されたときに、お茶が出たためしがない。ほとんどが地元のワインである。郷土菓子は、このようにテロワールと深いつながりがあるのである。

筆者撮影

（左）筆者の熱心さに負けて、レシピを書き写してくれるオーベルジュのマダム。　（中）現地で見つけたクイニー・アマン。少し温めてから食べるとさらに美味しいと店員が。（右）ロレーヌ地方、ナンシーのマカロン。紙に絞って焼いたものをそのまま箱に詰めてくれる。

123

Chapitre 3

Gâteaux souvenirs

土産菓子

旅先の店頭では、土産菓子は一目でそれとわかる。
なぜならそれは、その風土にぴったり合い、
旅人を引き寄せるからだ。
そして、それを持ち帰った後は、周囲の人々と分け合いたい。
その味は、旅の思い出以上にその土地を語り、
多くの発見と新たな味覚を呼び起こすだろう。

ピカルディー地方

Macaron d'Amiens
アミアンのマカロン

16世紀から作り続けられる、修道女のマカロン

　16世紀から作られている、ピカルディー地方の主要都市アミアンのマカロン。材料は他のマカロン同様、卵白、アーモンド、砂糖が主体だが、このマカロンにははちみつ、ときとしてアプリコットのコンフィチュールなどが使用されているため、他の地域のマカロンに比べてもっちりした食感が特徴である。

　このアミアンのマカロンを製造販売している店で有名なのは、1872年創業、6代続く「Jean Trogneux」(ジャン・トロニュー)。歴代の6人ともに、Jean という名前が付く。ブーランジェ・パティシエだった初代が、当時勤めていた店の販売員と結婚して、店を構えたところからトロニュー家の歴史は始まる。スペシャリテとして、ショコラと地元で愛されているマカロンを打ち出すと店は繁盛し、戦後は、アラス、リール、サン・カンタンと支店を増やし、現在ではフランス国内で9店を経営している。実は、この店は（2024年現在）マクロン大統領夫人、ブリジット・マクロンさんのご実家でもある。

　アミアンといえば、フランスで最も高いといわれるゴシック式の大聖堂が有名。13世紀に建てられた。夏にぜひ訪れてほしい。ソン・エ・リュミエール（Son et Lumière）と呼ばれる音と光のショーが行われるのである。その光は、数秒ごとに様々な色となって聖堂に彫られた彫刻の細部を照らし、幻想的である。聖母マリアを中心に、正面中央の扉口には最後の審判が描かれている。ここは、サンティアゴ・デ・コンポステーラの巡礼路ともなっている。巡礼者たちはこのマカロンをリュックに詰めて、スペインを目指したのかもしれない。

ランス

Biscuit de Reims
ビスキュイ・ド・ランス

シャンパーニュの泡とともにはじける食感

　ビスキュイという言葉は、ビスケット系の硬い生地、スポンジ系の柔らかい生地、どちらも指す。一度カリッと焼いた生地を、パンを焼いた後の余熱でもう一度乾燥させることにより2度焼く生地ということで、ビス＝2度、キュイ＝焼く、という名前になった。このシャンパーニュ地方のランスのビスキュイも、1670年ごろ、ランスの町のパン職人が余熱を利用して考案したものだという。これが話題になり、1756年創業の製菓会社がそれを商品化し、ルイ16世にも献上された。その後、フォシエ社がその製法を引き継いだ。ちなみにフォシエは、1845年にランスに誕生したブーランジュリーであったが、次第に規模を拡大し、現在はこのビスキュイの代名詞的存在となっている。

　シャンパーニュ地方といえば、いわずと知れたシャンパーニュの生産地。このビスキュイはシャンパーニュに浸して食べるのが伝統である。シャンパーニュは発泡ワインだが、この地方の特定地域で生産されるものしかシャンパーニュと呼ぶことができない。その他の土地、国で作られたものはすべてスパークリングワインと呼ばれる。17世紀にこの地方のオーヴィレール村出身のベネディクト派修道僧、ドン・ペリニョンが、発酵しかけたワインにコルク栓をして放置しておいたところ、瓶の中で再び発酵が起こり、偶然発泡ワインができたのがきっかけで作られたといわれている。

　このビスキュイは、シャンパーニュを吸ってもしっかり生地の食感が残るのが特徴。また、シャルロットという円形の菓子の周りを覆うのにもしばしば利用される。

ナンシー

Macaron de Nancy
ナンシーのマカロン

二人の修道女が守り抜いた味が町で評判に

　1533年、アンリ2世に嫁いだイタリア、メディチ家出身のカトリーヌ・ド・メディシスは、砂糖菓子、シュー生地などイタリアの食をフランスにもたらしたが、マカロンもそのひとつであった。マカロンの語源はマカロニといわれており、フランスではこの菓子をマカロンと呼ぶようになった。その後マカロンは、キリスト教の布教とともに、フランス各地の修道院で作られるようになる。しかし、行き来する交通手段がなかったため情報交換ができず、材料は同じだが、卵白を立てるもの、材料を混ぜるだけのものなど、製法と形の異なるマカロンができていったのである。

　ロレーヌ地方のナンシーのマカロンは、カトリーヌ・ド・メディシスの娘のクロード・ド・ヴァロワとロレーヌ公シャルル3世の間に生まれた娘、カトリーヌ・ド・ヴォーデモンが建立した修道院で作られていたものである。当時の修道院は厳しい食制限があり、肉食が禁じられていたため、修道女たちにとって菓子作りは楽しみでもあった。しかし1789年にはフランス革命が勃発。王侯貴族と金銭面でも癒着していたキリスト教関係の建物は破壊されてしまう。修道院を追われた修道女のうち、マルグリットとマリー・エリザベートの二人は、ある医者の家にかくまわれる。そこで、お礼も兼ねて修道院で作っていたマカロンを作ると評判になり、ついには販売することになる。それゆえ、このマカロンにはマカロン・デ・スール（Macarons des Soeurs）＝修道女のマカロンという別名もある。平たく、生地にひびが入っているのが特徴である。

アンジェ

Chapitre 3　土産菓子

60

Quernon d'Ardoise

ケルノン・ダルドワーズ

高貴な青色はロワールのお城の屋根の色

　青色の部分はチョコレートである。ロワール地方の主要都市アンジェで1966年に作られた。噛むと青いショコラの間から、香ばしいナッツとキャラメルの味がはじける。カリフォルニア産アーモンドとピエモンテ産のヘーゼルナッツが贅沢に折り重なったヌガティーヌだ。考案者は、アンジェで「La Petite Marquise」(ラ・プティット・マルキーズ)というパティスリーを経営していたルネ・マイヨ氏。20年後、彼は店を弟子のミッシェル・ブレ氏に引き渡し、現在は、「La Maison du Quernon」(ラ・メゾン・デュ・ケルノン)として、引き続きケルノン・ダルドワーズを作り続けている。

　ケルノン・ダルドワーズとは、フランスの屋根瓦に使用されるスレート(粘板岩)のことを指す。ロワールといえば、かつて王侯貴族が狩りのために建てた優雅なお城が点在する地域として有名である。特にフランソワ1世が建てたフレンチ・ルネッサンス様式のシャンボール城の広さはロワール一だ。内部には螺旋階段が二つ備えられているが、それは正妻と愛人がお互いの顔を見ることなく、上り下りできるようにするためだと言い伝えられている。また、ヴェルサイユ宮殿の次に観光客が多い城といわれているシュノンソー城は、カトリーヌ・ド・メディシスなど、6人の女性が城主となったことから、「6人の奥方の城」とも呼ばれている。スレート屋根瓦は、それらの屋根を思い浮べていただくとイメージしやすい。それらは、アンジェの隣町、最高級の天然スレートの鉱床から採掘されていた。そして、それを模したチョコレートの青色は、スピルリナという藻草の天然色素で表現されている。

モンモリオン

Macaron de Montmorillon

モンモリオンのマカロン

17世紀から変わらぬ硬さで作られる職人のマカロン

　アキテーヌ地方、ポワトゥー・シャラント地方では、17世紀ごろからマカロンが作られており、モンモリオン、ニオール、リュジニャン、リュサックなどが有名。主要都市ポワティエから南東にある1920年創業の「Rannou-Métivier」（ラヌー・メティヴィエ）で作り続けられているモンモリオンのマカロンは特に有名だ。ロゴ入りの紙の上に絞り出して焼き、そのまま販売している。アーモンドの香り豊かな、しっとりとした食感が特徴だ。ぐるぐると渦巻き状に絞った大判マカロン、マカロネもお勧めである。

　ちなみにモンモリオンのマカロンは、卵白、砂糖、アーモンドを混ぜるだけのシンプルなレシピなのだが、出来上がった生地はかなり硬く、絞り袋に星口金を付けて絞っても、絞り袋がやぶれてしまう。現地では、器械を使って生地を絞っている。理想の硬さと食感を保つためには、配合を守るのはもちろんだが、天候や作業の環境により出来上がりが左右されるので、毎日同じ状態に焼き上げるには職人の感覚が必要である。

　実は、この店の2階にはマカロン博物館なるものがある。マカロンの主な素材であるアーモンドの歴史や用途をイラスト入りで紹介。また、マカロン製造のための古い道具などの展示やフランス全土のマカロン解説など、一歩踏み込んだマカロンの楽しみ方を知ることができる。筆者が訪れたときは、展示を見ながらクイズに答えるというお楽しみがあった。

ディジョン

Chapitre 3 土産菓子

Pain d'epices de Dijon
ディジョンのパン・デピス

中世から作り続けられる歴史を語る菓子

　ブルゴーニュ地方、ディジョンのマルシェを訪れると、パン・デピスがずらりと並ぶ店にいくつか遭遇する。中世、繁栄を極めたブルゴーニュ公国はヨーロッパ諸国が憧れる国だった。ディジョンのパン・デピスの歴史はそのときから始まる。

　パン・デピスは、中国で10世紀ごろ作られていた「ミ・コン」と呼ばれる菓子が元だといわれている。粉とはちみつをこねたその菓子は、滋養豊かでエネルギー源になるということから、13世紀に中国と戦ったモンゴルのチンギス・ハンが気に入り、戦いに持ち歩いたことによって最終的にアラブに伝わった。それがヨーロッパにもたらされたのは、キリスト教の聖地奪回を目的に、エルサレムに8回遠征した十字軍（11～13世紀）によってである。当初は、スパイスは入っていなかったそうだが、中部ヨーロッパを経由したときに加えられるようになり、パン・デピスという呼び名になった。その後、ハンガリー、ドイツ、オランダ、ベルギーなどで食されていたが、1369年、フランドル（現在のオランダ、ベルギー、ルクセンブルク、北フランス）のマルグリット王女がブルゴーニュ公国のフィリップ豪胆王に嫁いだことによって、ディジョンに伝えられることになったのである。

　現在ディジョンで見かけるパン・デピスは、18世紀初頭リメイクされた大型で立体的なパン・デピスである。これこそが本物のパン・デピスと呼ばれるようになり、ヨーロッパ東部で作られているクッキー系のパン・デピスより、高い評価を受けたのである。

63

Macarons de Saint-Emilion
サン＝テミリオンのマカロン

パリ万博にも出品、世界遺産の町が守ってきた味

　ヌーヴェル・アキテーヌ地方、サン＝テミリオンに伝わるマカロン。サン＝テミリオンというと、ボルドーワインの生産地として有名だ。日照時間が長く、水はけのよい粘土質と白亜質の土壌は、ふっくらとした厚みのある赤ワインを生み出す。また、美しい旧市街はユネスコの世界遺産として名高く、聖地巡礼地の沿道でもあったため、早くから栄えた町でもあった。

　そんな町に、1620年、スール・ラクロワが創設したウルシュリーヌ修道院があった。そこでは毎日フレッシュなアーモンドを砕いて焼き上げるマカロンのよい香りがしていたという。しかし、フランス革命により修道院は破壊されてしまい、マカロンを作っていた修道女たちも姿を消してしまったのだが、後年、奇跡的にそのレシピが発見され、元修道女のグーディショー夫人に託された。そしてさらにその甥ジョゼフ・グランデへと伝えられ、彼が商品化することを考案。レシピはその後4人の後継者によって守られ、最終的に、ナディア・フェルミジェ (Nadia Fermigier) 夫人に伝えられる。現在は、この夫人の名前を冠した店で作られている。サン＝テミリオンには他にもマカロンを作る店があるが、ここが正統派のマカロン店といえる。

　サン＝テミリオンのマカロンは、はかなく砕けるのが特徴。軽くて美味しい。1867年のパリ万博では、サン＝テミリオンのワインとともに出品したところ大評判となり、サン＝テミリオンの知名度アップに貢献した。賞味期間は約2週間。冷蔵庫で保存し、食べる1時間前に出して、常温に戻してから食すとよい。

64

Pruneaux fourrés

プリュノー・フーレ

アジャン

Chapitre 3　土産菓子

世界一のプルーンがお菓子になり、さらに艶やかに

　夏、フランスのマルシェには色とりどりのプラムが並ぶ。ロレーヌ地方の名産、黄色のミラベル、フランソワ1世妃の名前を付けた緑のレーヌ・クロード、そして濃い紫色のプラムを見つけたら、それはアキテーヌ地方、アジャン周辺で作られているプラムであることがしばしばである。

　アジャンのプラムは、乾燥させて干しプラム、フランス語でPruneaux（プルノー）とされることが多いが、肉厚で酸味と甘みのバランスも素晴らしく、世界一美味しいと評判も高い。アジャンのプノーを菓子作りに使用していると記載するパティスリーもあるくらいだ。

　7〜8月に収穫したプラムを太陽の下で干し、その後、50、70、90℃と温度を変えて乾燥機で水分が21％になるまで乾燥させ、その後80℃のお湯に浸けて独特の柔らかさを出すのである。1キロのプリュノーを生産するのに、1.5〜2.3キロのプラムを必要とする。このままでも美味しいのだが、皮をやぶらないように中の果肉を出してピュレ状にし、お酒で香り付けしたりんごのピュレなどと混ぜて、皮の中にもどしたものがこちら、プリュノー・フーレと呼ばれるものだ。Fourré（フーレ）というのは、中身を詰めた、という意味。ぷっくらとふくらんだそれを口に含むと、柔らかい甘ずっぱいピュレが口の中ではじける。

　これと同様のものが、ロワール地方の都市、トゥールにもある。シノン周辺で収穫されたプラムを乾燥させたプリュノーは、すでに16世紀から、ロワールに城を持つパリの王侯貴族の食卓にも登場したという。

141

バスク地方

Chapitre 3 　土産菓子

Macaron du Pays-Basque
バスクのマカロン

現代に受け継がれる、ルイ14世妃の婚礼を祝った菓子

　バスク地方でもマカロンを作っているのをご存じだろうか？ アキテーヌ地方に属するバスクは、フランス側三領域、スペイン側四領域で成り立っており、スペインで生産される風味豊かな丸いマルコナ種と呼ばれるアーモンドを使用して作る。そのひとつ、海辺の町、サン・ジャン・ド・リュズに店を構えるMaison Adam（メゾン・アダムス）のマカロンの歴史は古い。1660年6月9日、ルイ14世とスペインのマリー・テレーズ王女との結婚式がこの地で執り行われた。祝いの席に、うやうやしく銀のお盆を持った女性が現れ、マカロンを差し出した。それを口にした王女はその美味しさに大変感動し、その女性に金で装飾したロザリオを贈ったという。これが今も伝わるアダムのマカロンである。
　店の従業員だった女性はアダムの甥と結婚し、その後も店とレシピを守っていく。アダムのマカロンは、しっとりした噛みごたえが特徴。この食感は、海からの湿気が影響しているとのことで、この店の立地だからこそ出せる味わいなのである。
　バスクのマカロンといえば、パリエス「Maison Pariès」（メゾン・パリエス）のマカロンもはずせない。平たくマットな表面に筋が入っているのが特徴だ。このように、地方でも店によってマカロンのレシピが異なることもある。右写真のマカロンは、フランスを旅していると時々見かける名もなきマカロンだ。これこそが、カトリーヌ・ド・メディシスがイタリアから伝えた原型を思わせる形をしているように思う。

143

66

Gâteau à la broche

ガトー・ア・ラ・ブロッシュ

ミディ・ピレネー地方

Chapitre 3　土産菓子

そびえ立つピレネーの山々を想像させる巡礼の菓子

　スペインに隣接するミディ・ピレネー地方で作られる郷土菓子である。1309年、ときのローマ教皇が、国家間の問題でフィリップ4世によってアヴィニョンに幽閉された際、その料理人が作り始めたといわれている。そびえたつこの地域の山々をイメージさせるかのような、背の高い凹凸のある山型をしている。ブロッシュとは串の意味。串(broche)に刺して焼くことからそう呼ばれる。スペインの聖地サンティアゴ・デ・コンポステーラを目指してピレネー山脈を歩き続ける巡礼者たちが、日持ちのするこのお菓子を持ち歩くことによって広まったといわれている。

　サンティアゴ・デ・コンポステーラは、エルサレムで殉教したキリストの十二使徒の一人、聖ヤコブの遺骸があるとされ、ローマ、エルサレムとともにキリスト教三大巡礼地に数えられている。フランスからは、トゥール、リモージュ、ル・ピュイ、トゥールーズの四都市を拠点として発する道がバスクを経由してピレネー山脈に向かい、サンティアゴ・デ・コンポステーラに続く。

　ピレネーの山間には、このお菓子を作り続けている山小屋がある。中に入ると、専門の職人が汗だくで、昔からの製法でこのお菓子を作っている。暖炉に円錐形の芯棒を設置し、そこに生地をかけ、芯棒をまわしながら暖炉の火で生地を焼き、一回りしたらさらに生地を流す、という作業をくりかえして焼くのである。

145

67

Jeannot

ジャノ

アルビ

ゆでてから焼く独特の製法に、アニスで甘味をプラス

　この菓子は、中世の味そのままではないかと思わせる貴重な菓子である。中世といってもその時代範囲は広く、ヨーロッパでは5世紀から10世紀が中世前期、10世紀から15世紀が後期と認識されている。菓子に砂糖が使われ始めたのは、十字軍がさとうきびと栽培方法をヨーロッパに伝えた中世後期。当時は、限られた者しか手に入れられなかったため、一般に作られていた菓子は甘くはなかったはずである。

　この菓子は、かつてはエショデと呼ばれていた類の菓子で、その製法は生地をゆでてから焼くという独特のものである。エショデ(échaudé)という言葉自体が、「熱湯を通した」という意味になる。材料は、小麦粉、塩、水といたってシンプルであるが、現代ではイーストを加えて発酵させるレシピもある。

　1812年に、ミディ・ピレネー地方のアルビという町のジャン・バルテレミー・ポルトという職人が、エショデにアニスを入れることを考案。その際、自身の名前、ジャンをもじってジャノとし、アニスを入れることによってほのかな甘さを演出したのである。1866年には、70万個売れたという。

　アニスが入っていない同様の生地でリング状のものもある。こちらはジャンブレットと呼ばれ、パリでも19世紀後半から20世紀初頭まで食べられていた。しかし、今ではどちらもアルビでしか見つけることができない。硬めでシンプルな二つの伝統菓子であるが、ちょっとした旅に持参すると日持ちもするので便利だ。アペリティフにカクテルと合わせたり、シナモン入りのホットワインとも相性がよい。

68

Navettes de Marseille
マルセイユのナヴェット

マルセイユ

Chapitre 3　土産菓子

海の男たちを守るマリア像の舟の形の堅焼きビスケット

　菓子作りに不可欠なバターは、酪農が盛んなノルマンディー、ブルターニュなどでは多用されるが、南仏では牛は育てにくいため、伝統的に作られる菓子はバターの量が限られていた。このナヴェットもバターの使用量が少ない南仏の菓子のひとつである。ナヴェットとは小舟という意味。形が小舟に似ているからそう名付けられたのだが、それはなぜか。

　13世紀、マルセイユに、彩色された木像のマリア様が、小舟に乗って流れ着いたのだそうだ。服は汚れ古色蒼然としていたが、マリア様は金の王冠をかぶっていた。マルセイユの人たちは、この木像に運命的なものを感じ、マルセイユ市民と海に出かける男の守り神として崇めるようになったのである。そして、その話を語り継ぐために、マリア様が乗ってきた小舟をかたどった菓子を作りナヴェットと名付けた。

　写真のナヴェットは、マルセイユの「Four des Navettes」（フール・デ・ナヴェット）という1781年創業の店のものであるが、毎年2月2日「マリア様お清めの日」には、マルセイユのサン・ヴィクトール寺院の司教が、自らの手でオーブンからナヴェットを取り上げる。するとオレンジフラワーウォーターの香りが部屋中に広がる。このナヴェットは、非常食のように硬い。かつて、日持ちするこのナヴェットを船に持ち込み、男たちが航海や漁に出かけたのかもしれない。

　ナヴェットは、他の南仏の町のマルシェやパティスリーでも、それぞれのナヴェットを見つけることができる。それらは、生地の配合にもよるが、一般的にこのナヴェットより柔らかく食べやすい。

149

69　Biscuit de Montbozon
ビスキュイ・ド・モンボゾン

モンボゾン

逃亡先でもなお作り続けた宮廷の味

　フランス革命以降、王侯貴族に仕えていた使用人の運命も180度変わる。城を追い出された彼らの選択肢は三つだ。仕えた主人に伴って、その亡命先で職業をまっとうする、パリに残って店を構える、もしくは、転職をする。

　そんな使用人だった一人、ジャン＝バティスト・ギシャールというルイ16世に配膳係として仕えていた男が、王の処刑後、フランシュ・コンテ地方、モンボゾンのクロワ・ドールという宿に逃げ込んで、かつて宮廷で作っていたであろうこのビスキュイを作り始めたのである。2枚重ねの白いビスキュイの形は、当時の作り方をほうふつとさせるものだ。当時はまだ絞り袋というものが存在しなかったので、スプーンで生地をすくって天板に流して焼いていたのである。彼は亡くなる直前、商人の娘に作り方を伝授し、現在も同じ形で作り続けられている。

70 Rousquille
ルスキーユ

→ コリウール

スペイン王妃の心を掴んだ甘味と食感

　スペイン国境に近い地中海沿岸の町、ルシヨン地方のコリウールという港町で見つけたこの地域の伝統菓子。ここは、かつてカタルーニャ君主国に属しており、この菓子はもともと、カタルーニャ君主国で作られていた揚げ菓子だった。しかし、ルシヨン地方がフランスに併合されると、フランス側で作られるルスキーユの形は変わっていく。18世紀のスペイン王妃がスペインのルスキーユを食べて、「フランスで食べたルスキーユのようにもう少し柔らかく、そしてもっと甘く」と要求したように、フランスのルスキーユはレモン風味でさくっとした食感。そして、卵白のグラサージュがかかっているのが特徴である。工場生産の箱入りが多い。

71

Canistrelli

カニストレリ

コルシカ

コルシカで最もポピュラーなオリーブオイルのおやつ

　カニストレリは、コルシカで最もポピュラーなおやつ菓子である。凸凹の四角の形が主流だが、イタリア菓子カニストレリの形をしたものもよく見かける。かつてコルシカはイタリアに属していたので、菓子の名前もイタリア語に近い。コルシカと聞いて思い浮かぶのは、コルシカ出身のナポレオンだろう。ナポレオンの祖先もイタリア人だった。16世紀にコルシカ島に移住し、コルシカ独立を推し進めていたが、フランス側にひるがえった父親がフランスより貴族の称号を与えられ、息子ナポレオンは、パリの陸軍学校に入校できたという経緯がある。その際、ナポレオーネ・ブオナパルテという名前がフランス語のナポレオン・ボナパルトとなったのである。

　コルシカでは牛が育ちにくいため、バターは生産していない。ゆえに、この菓子はコルシカ産のオリーブオイルを使って作るのであるが、かつてはガチョウや豚の脂を用いていた。味のバリエーションは豊富だ。コルシカ特産のはちみつ入り、ナッツ入り、干しブドウ入り、チョコチップ入り、アニス風味、セドラというレモンを大きくした柑橘の砂糖漬けを用いたものなど、飽きることがない。栗粉を使ったものもある。栗は、農産物の少ないコルシカではパンの木と呼ばれ、貴重な食糧源だった。皮をむいて乾燥させ、焙炒してから粉にしてパンや菓子を焼いていたのだ。主に南部で生育していたが、近代化に伴って多くの栗の木が伐採され、栗粉の価格も高騰している。

フランス土産菓子概論

フランス人に手土産を持っていくと、理由もないのに、なぜくれるの？と言われたことがある。しかし、彼らも知らない土地を訪れたら、そこの名産をお土産に買って帰るし、友人知人におすそ分けをする。要するに、贈答と土産は異なり、土産はその漢字のごとく、土地に根付いたものに限定される。一方、贈答は、感謝の気持ちや、相手を敬う気持ちを表すために贈るもので、旅先で求めたものというわけではない。お中元、お歳暮をはじめとするこの日本の贈答文化はフランスにはないといってよいだろう。あるとしたらクリスマスや誕生日プレゼントという限定されたお祝いの品という程度である。

フランスのクッキー缶

ここ数年、日本ではクッキー缶が大流行したが、フランスのパティスリーでは、理由がなければ缶や箱に詰めた菓子は売らない。その背後には、菓子も新鮮なうちに食べてほしいという願いが込められているからだ。したがってエイジレスや保冷剤もいまだに存在しない。

しかし、ブルターニュやアルザス地方に行くと、缶に入った菓子を見つけることができる。これらの地域では、ガレット・ブルトンヌやパン・デピスなどのクッキー系の郷土菓子を生産しており、それらを土産として持ち帰る人が多いからだ。その缶のデザインも迷うほど種類が豊富で、缶だけ販売するところもあるほど。とはいえ、小規模なパティスリーでは透明なビニール袋に入れてくれるだけで、割れないように旅人は細心の注意を払って持ち帰ることになる。

一方、マルセイユのナヴェット専門店「フール・デ・ナヴェット」で売るナヴェットは、非常食を思わせるほど硬いクッキーなので、缶に入れる必要はないと思うが、香り付けに使用されているオレンジの花の水の香りが長く香るように、オリジナルの缶に入れて販売しているのも印象的であった。

町おこしのお菓子

土産菓子でお勧めなのは、フランス各地で作られるマカロンである。マカロンは修道院で作られていた菓子なので、修道院横、あるいは近くの店がそのレシピを受け継ぎ、作り続けている場合が多い。レシピはその店のオーナーのみが知っており門

外不出だ。その店の多くは400年以上の歴史を持ち、独自のデザインをほどこした箱に入れて販売している。さらに、ナンシー、モンモリオン、サン＝テミリオンのマカロンは、焼いたときに下に敷いた紙に付いたまま箱に入っている。演出なのか工夫なのかはわからないが、マカロン自体が動かないのでよいアイデアである。

多少日持ちがして土産菓子としてふさわしいものは、クッキー系やマカロンだろう。しかし、フランスでは郷土の味を持ち帰ってもらいたいという思いも強く、カヌレ、ル・クルーゾワ、ゴーフル、ヌガー・ド・トゥールなどの郷土菓子を土産菓子として提供する店も多い。その背景には、町おこしという意識があることは確かだ。

土産菓子の発展

筆者が初めてタルト・タタンの故郷、サントル地方のラモット・ブーヴロンを訪ねたとき、もちろんパティスリーではタルト・タタンを販売していたが、町もホテルも旅行者がいるという気配ではなかった。その後、なにかのきっかけでタルト・タタンが脚光を浴びるようになると、再び訪れた町は活気にあふれ、ホテルのシェフもピカピカのコックコートを着て、笑顔で迎えてくれた。町や村の魅力は、作り続けてきた土地の菓子からも発信できると知ったのだ。

土産菓子の発展は、町おこしへの意識以外に、もうひとつ歴史上重要な出来事が関係している。それは鉄道の発達である。フランスの鉄道は、19世紀に開通した。1937年には、パリやリヨンからその近郊に。1850年には、パリからロワール地方や北フランスにつながり、ロレーヌ、アルザス地方でもそれぞれ発達。そして、1987年にはフランスのほぼ全域で鉄道移動が可能になった。こうして土産菓子は鉄道の発達とともに、旅人たちの楽しみのひとつとなっていったのである。

Colonne 3

地方の魅力に出会える土産菓子

　フランス地方の土産菓子は、もちろんその土地土地で見つけることができるが、私が注目するのは、高速道路のサービスエリアである。エリアごとに特産品を売る。シャンパーニュとロワール地方の境のサービスエリアで、ラタフィアというあまり出回らない、シャンパーニュのブドウを使ったリキュールを見つけたときはうれしかった。食べ物だけではなく、郷土料理の本や、フランス全土のワイン、チーズの分散地図なども見つけることができる。

　ご当地マカロンめぐりもおもしろい。本書で紹介したマカロン以外に、フランスでは各地でマカロンが作られている。ロワール地方のコルムリー、ロレーヌ地方のブーレイ、ブルターニュ地方のシャトーラン、オーヴェルニュ地方のマシアックなどなど。要は各地域に修道院があったら、そこで作られていたということである。その製法は門外不出とされ、尋ねてもいっさい教えてくれない。一度、ナンシーのマカロン屋にレシピを聞いたことがあるが、土産屋で売っている絵ハガキにレシピがあるからそれを見ろと言われ、実際にそのレシピで作ってみたが、思ったようなマカロンにはならなかった。

フランス人は、自分の郷里の菓子こそ知っているが、他の土地の菓子を自ら探す、買うということはしないので、地方の珍しい菓子を持っていくと興味津々である。まだ、カヌレがパリで作られていなかったころ（パリを通り過ぎて日本でブームに！）、ボルドーのカヌレをパリジェンヌの友人にプレゼントしたら、その真っ黒な様相にかなり驚かれた。しかし、中はフランを少し硬くした味と説明したら納得。ブルターニュのクイニー・アマンもバターのしょっぱさが気になるようだった。パリっ子は、有塩バターを使う習慣がないからだ。
　土産菓子の魅力のひとつは、実際に訪れた人でなくても、フランスの地方を知るきっかけになること、そしてそこからちょっとしたコミュニケーションが生まれることである。

筆者撮影

（左）ロワール地方の常設マルシェ。ガトー・ナンテを数種類販売する店員にお勧めを聞く。（右）左上から時計回りに、ナンシー、アミアン、ブーレイ、バスク、コメルシーのマカロンの箱。

157

Chapitre 4

Confiseries & chocolats

コンフィズリー＆ショコラ

貴重な砂糖を贅沢に使って作られた飴は、
ボンボン（Bonbon）と呼ばれるようになった。
それはフランス人にとって子ども時代の思い出とともにある。
そして大人になるとそれぞれのボンボンの生い立ちがわかる。
パッケージにはそのボンボンの背景が描かれているからだ。

カンブレ

Bêtises de Cambrai
ベティーズ・ド・カンブレ

お馬鹿さんと叱られながらも町の銘菓に

　ノール県のカンブレにある、創業1839年の「Afchain」（アフシャン）というコンフィズリーの店で代々作られてきた飴。ベティーズというのは、へまをした、という意味だ。ある日、見習い中の息子が飴の配合と製法を間違えたおかげでできたという。製造中に飴に空気が入ってしまったうえ、ミントを規定量以上に入れてしまったという。そこで、エミールおばあちゃんから、「Quelle bêtise!」（なんておばかさんなの！）と叱られてしまったが、空気のおかげで意外と軽く、そしてミント味が追加されて美味しかったのである。そこで、一家はこの飴を、「Bêtises de Cambrai」（カンブレのおばかさん）と名付けて販売してみた。するとたちまち町で評判に。食べてみると、ハッカの味が、中央に一本入ったキャラメル味と融合し、全体に優しい味の飴に仕上がっている。当時はマルシェなどでも売られており、長く仕込んだ飴をお客の前でカットして売っていた。1889年には、この飴はカンブレの銘菓として認められ、1947年に眼鏡のエミールおばあちゃんの絵の缶で売り出すと、折しも交通が発達し始めたころ、お土産として評判になっていく。今では、ミントの他にアニス風味、フランボワーズ風味もある。とにかく食べてみてほしい。缶のおばあちゃんもささやいている。「Mais, goûtez-moi,ça!」（とにかく食べてごらん！）と。ベティーズ・ド・カンブレは、なめるだけでなく、砕いてアイスクリームに混ぜたり、牛乳などに溶かしてお菓子作りなどにも利用できるので、こちらもぜひ試してほしい。

ルーアン

Sucre de pomme

シュクル・ド・ポム

当時は画期的。貴重な砂糖と地元りんごのコラボ

　これを見たとき、フランスにも千歳飴のような長い飴があったのかとびっくりしたものだが、かじったら千歳飴よりはるかに硬い！　しかし、なめていくうちにりんごの味が口の中に広がり、りんご好きにはたまらないだろう。りんごの産地、ノルマンディー地方を代表する町、ルーアンで16世紀に作られた。きっかけは、ルーアンにピエール・デュボックというスペイン人薬剤師が、砂糖の効能についての講義をするために訪れたことからだ。人々は砂糖に憧れ、それを手に入れるため、ルーアンの港にも貴重な砂糖を輸入することに成功する。その後砂糖は、ノルマンディーのりんごの一種であるレイネットを、皆がいつでも食べられる飴という姿に変えたのである。

　砂糖の原料、さとうきびは、中世からイスラム教を普及させようとしていたアラブ人が、東南アジアで見つけて持ち帰り、地中海で栽培していた。その後、11世紀から8回アラブに渡った十字軍がその存在を知る。16世紀の大航海時代を経て、ヨーロッパの国々は、ブラジルやカリブ海の島々にアフリカで引き渡された奴隷を送り、さとうきびを栽培した。こうして砂糖がヨーロッパに普及し始めたのである。当時は大変高価で、身分の高いものしか入手できず、ボルドーやナントなどの港町は、砂糖をはじめとする奴隷貿易によって富を得た。また、砂糖は身体によいものとして薬同様の扱いを受けていたのである。この飴が現代の棒状の形になったのは、砂糖も一般に普及するようになった19世紀半ばである。

バル・ル・デュク

Confiture de groseille
グロゼイユのコンフィチュール

伝統の作業から生まれる心奪う艶やかな色

　小粒でビーズのようなグロゼイユ（すぐり）の原産地は、スカンジナビア半島である。フランスには、中世、北欧からフランスに攻めてきたヴァイキングによって伝えられたといわれている。

　グロゼイユは、酸味が強くそのまま食すには向かないが、ペクチンが豊富に含まれているため、コンフィチュールやジュレにするには向いている。中でも有名なものは、ロレーヌ地方、バル・ル・デュクで生産されているこのコンフィチュールである。7月の収穫を終えると、地元の女性が、根元を斜めに切って尖らせたガチョウの羽根を親指と人差し指に挟んで持ち、そのバニラ粒ほどの小さな種を取り出してから、やっとコンフィチュール作りが始まる。一般的なグロゼイユのコンフィチュールの作り方は、実と砂糖をレモン汁と一緒に1時間マリネし、鍋に移して一度沸騰させてから、絶えず混ぜながら5分くらい煮て、液体に実が溶けるくらいまでさらに5分ほど煮る。最後にお皿に落として煮詰め具合を確認したら、煮沸した瓶に入れてふたを閉める、というものである。

　バル・ル・デュクのこのグロゼイユのコンフィチュールは、美しい瓶の形もさることながら、その深い色合いと艶やかさに心を奪われる。別名「Le Caviar de Bar」（バルのキャビア）ともいわれている。赤色のグロゼイユは最も収穫量も多く、酸味豊かでジューシー。その他に白とピンク色のグロゼイユのバージョンもある。

ナンシー

Chapitre 4　コンフィズリー&ショコラ

Bergamotes de Nancy

ベルガモット・ド・ナンシー

光放つ、アール・ヌーヴォーの黄金色の飴

　透き通る黄金色は、この飴が生まれたロレーヌ地方の中心都市ナンシーの象徴をそのまま映しだしたような色だ。この町は、「黄金の城門を持つ町」という別名を持つ。中心の広場に面した王宮の格子門には、王冠や紋章が掲げられ、金色の植物の葉の模様がツタのようにからみついている。

　また、自然をモチーフにした芸術、アール・ヌーヴォーが19世紀末にフランスで誕生し、ガレのガラス工芸などを中心にナンシー派が生まれた。この飴の色は、その美しいガラス色と重なる。

　考案されたのは1850年。ドイツ人で、ロレーヌの女性と結婚し、コンフィズリーを開業したリリーチという職人。彼は、ブルジョワにしか縁のなかった香水用のベルガモットのエッセンスを飴に移し、人々を驚かせた。飴は大ヒットし、おかげでリリーチはかねてからの夢であったフランス国籍を取得し、リリーグというフランス名を名乗ることができたという。

　ベルガモットは、15世紀、イタリアのナポリ、シシリアの王でもあり、ロレーヌを治めていたルネ王2世によってイタリアからフランスにもたらされた。18世紀ロレーヌ公で、ババという菓子を命名したスタニスラス・レクザンスキ公にも好まれていたという。そのオリジンは、特有の洋梨の木にレモンの枝を接木してできたフルーツだ。このフルーツをトルコ人たちが、"beg-armâdé"（主のポワール）と呼んでいたことから、ベルガモットと名付けられた。

167

プロヴァン

Chapitre 4 コンフィズリー&ショコラ

Confiture de pétales de roses
プロヴァンのバラの花のジャム

パリ近郊プロヴァンのバラの歴史を語る美しき一品

　パリの東南に、バラの花の栽培で有名な町がある。ユネスコ世界遺産に登録された中世の城壁を残す町、プロヴァンである。13世紀、シャンパーニュ地方のティボー伯爵が十字軍遠征に参加し、バラの花を持ち帰ったことがバラの歴史の始まりだった。17世紀にはバラの花のジャムを生産し、海外にも輸出するようになる。当時、ジャムに必要な砂糖は非常に貴重なものとされ、また、薬のような扱いを受けていたため、医者などの研究対象にもなっている。

　そもそも、砂糖を扱った菓子やジャムは、イタリアのヴェニスに起源を持ち、フランスでジャム製造人という言葉が初めて使われたのは、1555年のリヨンでのことだった。ノストラダムスが、王妃カトリーヌ・ド・メディシスに招聘されたのもそのころである。南仏からやってきた占星術師でもあり医者でもあったノストラダムスは、宮廷で砂糖の研究をし、ジャムと砂糖漬けフルーツの製法を記した『卓越した小冊子』という本を残している。しかし、現在と比べると、その砂糖の量は少なかったという。また、バラやオレンジの花などの蒸留水は、ローズウォーター、オレンジフラワーウォーターと呼ばれ、鎮静剤として王侯貴族が愛用していた。マリー・アントワネットは、逃亡時、不安になると持参した香水入れを開け、オレンジフラワーウォーターをそっと嗅いでいたという。

　プロヴァンでは、ローズウォーターはもちろん、シロップにバラの花のピュレを加えて香り付けした「バラの花のコンセルヴ」、乾燥バラで香り付けした飴なども作っている。

169

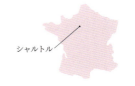

シャルトル

Mentchikoff
メンチコフ

メレンゲとジャンドゥーヤを組み合わせたシャルトル銘菓

　大聖堂で有名なシャルトルの銘菓である。筆者も一口食べたときに、その美味しさに魅了された。しゃりっとした軽く優しい噛みごたえのメレンゲの中に、ジャンドゥーヤが隠れている。甘さのインパクトより、美味しさが勝ったパリにはない味だったのだ。

　砂糖と一緒にヘーゼルナッツとアーモンドに熱を入れてキャラメリゼし、それを粉砕してチョコレートなどと混ぜて一度固める。その後涙型にかたどり、スイスメレンゲをかけて一晩乾かして仕上げる。

　メレンゲには3種類ある。卵白に砂糖を入れながら立てるフランスメレンゲ（スポンジケーキなどに使用）。立てたメレンゲに砂糖のシロップを注いで作るイタリアンメレンゲ（保水性と保形性があるのでムースや冷菓などに使用）。そしてスイスメレンゲは、砂糖とメレンゲを混ぜて湯煎で立てていく、というものだ。砂糖の量が多い場合に使用する。ねっとりしているが、一度乾かせば日持ちもする。

　メンチコフは、1893年ごろ、ドーメニルという菓子職人によって考案された。当時は、ロシアとフランスの間に軍事的な露仏同盟が結ばれ、世の中は祝賀ムードに包まれていた。メンチコフは、その祝賀関連商品のひとつだったのだ。商品の名前は、その才能を認められて、当時の皇帝、ピョートル1世の腹心、大臣、そして、最後は王子となった、元菓子職人のレクサンドル・ダニロヴィッチ・メンチコフに由来しているという。

　シャルトルでは数軒の店でメンチコフを売るが、シャルトル大聖堂のイラストの缶入りを見つけたら、思い出にぜひひとついかがだろう。

オルレアン

Cotignac d'Orléans
オルレアンのコティニャック

王の愛人にも好まれた極上のマルメロゼリー

　手のひらサイズの木箱を開けると、箱にぴったりはり付いている鮮やかな赤オレンジにしばし目を奪われる。サントル地方のオルレアンで古くから作られているマルメロ（西洋かりん）のジュレである。よく熟れたマルメロを煮て漉したものに、砂糖とペクチンを加えてとろみがつくまで煮詰める。最後に色を付けて木箱に流し入れ、冷やして固めるというもの。オルレアンの伝統の食べ方は、木箱のふたでジュレをすくうのだとか。かつて砂糖が貴重だったころ、フルーツのジュレやコンフィ、コンフィチュールは、宮廷のデザートとしてテーブルをにぎわせていた。特にマルメロのジュレは、食前に食べると消化をよくしてくれる効能もあるということで、フランソワ1世や、アンリ4世妃、ルイ15世とその愛人、マダム・デュ・バリーや、作家アレクサンドル・デュマに愛されていた。デュマは、レシピを著書『Grand dictionnaire de cuisine』（大料理事典）にも記載している。ちなみにCotignacという名前は、マルメロを表すラテン語Cotoneumから来ている。

　オルレアンといえば、15世紀の百年戦争の際、イギリスに占領されていたが、ジャンヌ・ダルクによりイギリスから解放された町として有名である。そしてジャンヌ・ダルクは、当時の王、シャルル7世を戴冠させたのである。町の中心の広場にはジャンヌ・ダルク騎馬像がそびえ、大聖堂のステンドグラスにはその生涯が描かれている。

モンタルジ

79

Pralines de Montargis
モンタルジのプラリーヌ

ヴェルサイユ宮殿で人気を博した伝統菓子

　プラリネという言葉はよく聞くが、プラリーヌとはなにか？ プラリーヌとは、アーモンドなどのナッツ類に煮詰めた糖液をからめたもの。プラリネはこのプラリーヌを粉末やペースト状にしたものである。
　プラリーヌのカリッとした歯ごたえとからみつく甘さは、一度食べるとやみつきになる。これを考えた人は天才！と思っていたら、やっぱり考案者はセンスがよい職人だった。彼はあるコンフィズリーを作った際、残ったキャラメルにアーモンドを丸ごと浸けてみようと考えたのである。菓子の成り立ちでよくあるのは、失敗したと思ったらそれが美味しかった、というものだが、彼は味を予想して行動を起こしたというところを評価したい。するとこれが予想通り美味しかったのである。
　17世紀、ルイ13世の時代、パリから約120キロに位置する、サントル地方モンタルジ出身のプララン伯爵がヴェルサイユ宮殿に住んでいた際、伯爵に仕えていた人物が、この職人、クレモン・ジャリュゾである。ある日伯爵が知人を呼んで夕食会を開いた際、この菓子を出したら招待者に大変気に入られ、名前を付けることに。そこで招待者の一人から、伯爵の名前、Praslineからヒントを得てプラリーヌとしたらどうかと提案され、そう名付けたという。
　口頭でしか伝えられていなかったこのレシピを、1903年にモンタルジのレオン・マゼが、プララン伯爵に由来する「オー・デュック・ド・プラスラン」から買い取り、1920年にレシピとして文字に書き留め、現在も「Mazet」（マゼ）では、その製法を守って作り続けている。

175

ブールジュ

Forestines
フォレスティーヌ

サテンのような繊細な輝きを放つソフトな飴

　サテンのような光沢。そして上品な彩色。まことに宝石のようなボンボンである。この光沢は、サテンに由来する言葉、サティナージュという作業をすることによって生まれる。砂糖と水などで飴を作り、それを両手で引いては伸ばすという行程を何回もくりかえして空気を取り込み、表面を白くキラキラした表情にさせる。中には、アーモンドとノワゼットのプラリネにショコラを混ぜたものが詰まっている。噛むと、細かく砂のように崩れるソフトな食感がなんとも言えない。そして散らばった飴が口の中に広がり、プラリネショコラと融合して、美味しさを引き出している。

　サントル地方のブールジュという町で、1878年から作られている。ブールジュといえば、世界遺産に登録されているサン・テティエンヌ大聖堂が有名だ。また、毛皮商人からシャルル7世の財政官に任命された、大金持ちのジャック・クールの邸宅もある。

　フォレスティーヌという名前は、考案したコンフィズリー職人、ジョルジュ・フォレストから名付けられた。彼は「Maison des Forestines」（メゾン・デ・フォレスティーヌ）を創業し、1896年まで製造と経営に携わっていたが、その後ジョルジュ・タヴェルニエに引き継がれ、現在で4代目だそう。その店構えは素晴らしいものだった。それはブールジュの町では一際目立つ、ナポレオン3世時代に建てられたオスマン様式で、店内は鏡張り、天井はジアンのブルーとベージュの陶器で覆われた格式ある店だった。しかし残念なことに、2015年の火災で以前の店構えは跡形もなく消え去り、現在は別の場所で営業している。

ヌヴェール

Le Négus

ル・ネギュス

一粒で二度美味しい、エチオピア皇帝への献上品

　外側は飴、中はキャラメル。2種類の食感と風味が楽しめるこのボンボンは、一度食べたらやみつきになる美味しさだ。キャラメルはチョコレート風味、コーヒー風味の2種類。農家製の乳製品、そしてカカオやコーヒーは厳選されたチョコレートメーカーのものを使用し、吟味された材料が味を引き立てている。

　1900年、ブルゴーニュ地方、ヌヴェールのコンフィズリー「Maison Grelier & Lyron」（メゾン・グルリエ＆リロン、現在の Au Négus オ・ネギュス）でこのボンボンは考案され、1901年、エチオピアの皇帝メネリク2世が、近代国家設立の指導をあおぐために来仏した際、このボンボンを献上したのである。メネリク2世は大変喜んだということで、ル・ネギュスと名付けられた。ネギュスとは、エチオピア皇帝の尊称である。

　ところで、煮詰め温度で様々な表情になる砂糖はやはり偉大である。砂糖は、100℃で溶けてシロップ状になり、110℃で粘って糸状になる。この段階ではマシュマロ作りに使うことができる。さらに温度が上がり118℃に達すると、イタリアン・メレンゲというムースなどに使うメレンゲを作ることができる。さらに120〜130℃に温度を上げて、一部をすくって、やや硬い球状のものができればキャラメルとなり、132℃くらいでトフィ、そして138〜154℃ではドロップを作ることができる。これらの温度を知るために、職人は氷水に指をつけておき、その指でシロップをすくって硬さを判断するのである。

Anis de Flavigny
アニス・ド・フラヴィニー

フラヴィニー・シュル・オズラン

一本の木から始まった、フランスの国民的ボンボン

　なめていると最後にアニスシードが顔を出す。キオスクのレジ横などにある国民的ボンボンだ。2000年に公開されたジュリエット・ビノシュ主演の「ショコラ」という映画の舞台になったフランスの町、ブルゴーニュ地方のフラヴィニー・シュル・オズランの工場で作られている。「フランスの美しい村100選」にも選ばれたこの町は、小高い丘の上にある。

　アニスの木は、紀元前50年、カエサルがガリア（当時のローマ人のフランスの呼び名）侵攻で勝利した際、フラヴィニーの丘に植えたといわれている。ここには診療所があったため、アニスの種に薬用効果があると信じていた彼らには必要な木だった。その後、この地にベネディクト派の修道院が建ち、8世紀初頭からアニス・ド・フラヴィニーの前身となるボンボンを作るようになった。現在は修道院から離れた工場で作られているが、糖衣を作るための大きな銅のボウルが一定の速度でいくつも回転している様子は圧巻である。糖衣には、レモン、ローズ、カシスなど10種類ほどの風味がある。缶入りは直径1cmくらいの大粒、箱入りは仁丹の大きさである。

　アニスといえば、南仏の風物詩のひとつ、パスティスを思い浮かべる。黄色のリキュールだが、水で割るとたちまち白く濁る。鼻をつく独特の味だが、数回飲んでいるうちにやみつきになるらしく、南仏で修業したパティシエたちは、修業時代の思い出の一コマとして脳裏に焼き付いている味らしい。

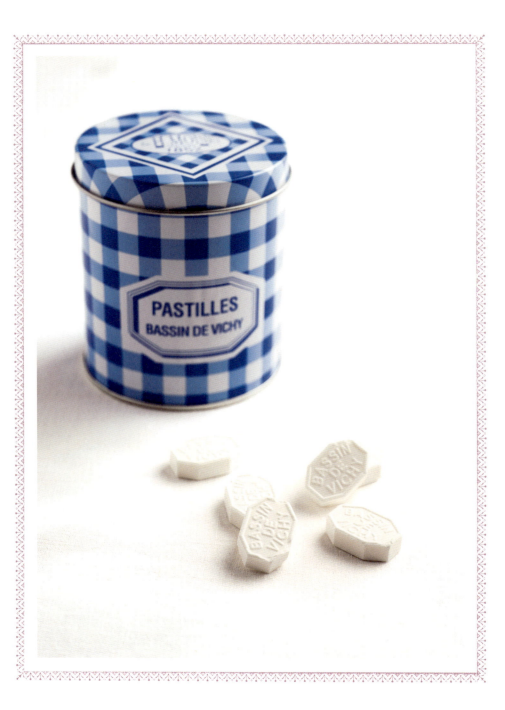

ヴィシー

Pastille de Vichy
パスティーユ・ド・ヴィシー

ナポレオン3世も通った温泉地の源泉が元

　パスティーユというのは、なめると口の中でほろほろと崩れていく粉砂糖で作られた飴のこと。パスティーユ・ド・ヴィシーが誕生したのは、中央山塊オーヴェルニュ地方のヴィシーという町である。

　山に囲まれたこの地域は、火山活動の影響で温泉が30箇所くらいから吹き出ており、ヴィシーも温泉地として昔から有名な町だった。スパを楽しむ富裕層が長期滞在を目的に押し寄せ、18世紀にはナポレオン3世が気に入って、カジノやオペラハウス、アールデコ調の温泉施設を建て、町を大改造したのである。

　また飲み水としての天然水も豊富で、シャテルドン、ボルヴィック、サン・ジェロンなど性質の異なる水があるが、ここヴィシーでは、セレスタンと呼ばれるほのかな塩味を感じる微炭酸水の天然水が飲まれている。この天然炭酸水が肝臓疾患や消化器系の病気によいということで、温泉治療に利用される。この水からヒントを得て作られたのが、パスティーユ・ド・ヴィシーだ。水を蒸発させ、豊富なミネラルを含む塩を抽出し、それをメントールやアニスで風味付けしたのである。1914年まで薬局でしか手に入らなかった。ナポレオン3世妃、ウジェニー皇后もお気に入りだったとのこと。現在は、「La Maison Moinet」(ラ・メゾン・モワネ)が伝統的な作り方を引き継いでおり、パリにも店がある。

　ところでフランス人は、ギンガムチェックのことを「ヴィシー」と呼ぶが、ギンガムチェックは、かつて織物産業が栄えていいたヴィシーで20世紀初頭に考案された柄であることから、そう呼ぶようになったとか。

183

84 Berlingot de Carpentras
カルパントラのベルランゴ

カルパントラ

まるで宝石のような色鮮やかな四面体

　鮮やかな彩りが、いかにも南仏といった風情のベルランゴ。南仏カルパントラの飴である。ベルランゴとは飴の別名で、特徴は四面体で筋が入っているということである。

　ベルランゴの発祥は、カルパントラといわれている。14世紀、アヴィニョンのローマ教皇庁に遷座されていた教皇クレメンス5世の料理長が、ある日、残ったキャラメルにミントやレモンの香りを付けて飴にし、クレメンス5世の本名である、ベルトラン・ド・ゴをもじってベルランゴと名付けたとか。現在の形になったのは20世紀のこと。カルパントラのコンフィズリー職人が、フルーツの砂糖漬けで使ったシロップを再利用し、周辺に生育していたミントで風味付けして飴にしたのが始まりだった。飴を何度も引くことによって生み出される白い筋は、ひとつの飴に40本ほどという。

85 Coussin de Lyon
クッサン・ド・リヨン

人々を救った金貨をのせた絹のクッションを表現

　フランス第二の都市リヨンは、紀元前43年には、ルグドゥヌムというローマの植民市だった。リヨンの町から見渡せるフルヴィエールの丘には、その遺跡が残されている。そしてこの丘には、クッサン・ド・リヨン誕生にまつわる礼拝堂があった。

　17世紀、ペストが大流行した際、リヨンの人々は礼拝堂のマリア像に、3.5キロもある巨大な蝋燭と、絹のクッションの上にのせられた金貨を献上し、その回復を嘆願したのである。するとペストの流行は収まったという。

　クッサンとはクッションの意味。クッサン・ド・リヨンは、この話からヒントを得て作られた。考案したのは、1897年創業のショコラティエ、「Voisin」(ヴォワザン)。オレンジのリキュール、キュラソー入りのガナッシュをマジパンで覆って作る。

86 Bouchon de Bordeaux
ブション・ド・ボルドー

ボルドー

ボルドーならではのコルク形、至極のブランデーも使用

　ワインのコルク栓を模したパッケージを見ればお分かりの通り、この菓子はフランスきってのワイン生産地、ボルドーの銘菓である。菓子自体もコルクの形だ。コルクをフランス語でブションといい、それがネーミングとなっている。周囲はシガレット生地で覆われており、中はフィーヌ・ド・ボルドー・ナポレオンで風味付けしたアーモンドペーストが詰まっている。フィーヌ・ド・ボルドー・ナポレオンは、白ブドウが原料のボルドー唯一のブランデーである。その中でも 6 年熟成のものを厳選し、その一口に芳醇な香りを残す。

　誕生したのは 1976 年、地元のパティシエ・ショコラチエのジャック・プーケ氏が考案した。プーケ氏は、最初からワイン王国ボルドーを代表するスペシャリテを作ろうと考えていたのである。大人限定の土産菓子はボルドーならではである。

87 Sucre d'orge des religieuses de Moret
モレの修道女の大麦飴

→ モレ

王妃のスキャンダルによって広まったボンボン

　パリの郊外、フォンテーヌブローの近くにあるモレ・シュル・ロワンという町が発祥の、大麦由来の砂糖で作った透き通った飴色のボンボンである。1638年、ベネディクト派の修道院が設立され、そこで栽培していた大麦を使ってこのボンボンが作られるようになった。当時は、金文字で十字架と RM（Religieuses de Moret の略）が刻まれていたが、その頭文字は現在のボンボンにも見受けられる。

　このボンボンは、ちょっとしたスキャンダルからルイ14世の宮廷に持ち込まれるようになった。そのスキャンダルというのは……。ルイ14世妃、マリー・テレーズは、ある日ムーア人の侍従との間に子どもを作ってしまったというのである。その娘はやがてこの修道院に送られたため、王妃は娘に会いにくるたびに、シュクル・ドルジュ（大麦飴）を宮廷に持ち帰ったという。

Chapitre 4　コンフィズリー＆ショコラ

88 Confit de fleurs de violette
スミレの花の砂糖漬け

トゥールーズ

恋人の贈ったスミレの花束は、淑女が愛する味に

　チョコレートケーキに飾ると、なんともクラシカルで上品な趣になるスミレの花の砂糖漬け。これは、フランス南西部の町、トゥールーズの名産である。かつては、スミレの花を多く栽培し外国にも輸出していた。栽培のきっかけは、イタリアの兵士がトゥールーズの近郊に住む恋人にスミレの花束を贈ったから、という伝説からきている。栽培組合も立ち上げられたが、1965年の厳冬による被害で栽培量が減少。生産が先細り、組合も解散してしまった。しかし、1993年に再度協会が立ち上げられ、リキュールや香水、砂糖漬けなどの加工品を開発してきた。年に一度のスミレ祭りは多くの人でにぎわう。

　スミレの花の砂糖漬けというと、ウィーンのハプスブルク家皇女エリザベートのお気に入りでもあった。それもトゥールーズ産のものだったかもしれない。

89 Papaline d'Avignon
アヴィニョンのパパリーヌ

アヴィニョン

多種の薬草を使用。名は教皇を意味する「パップ」から

　1960年に南仏ヴォークリューズ県の菓子職人たちが知恵を出し合って創作した南仏アヴィニョンのチョコレート菓子である。アルプス山脈と地中海の間に位置するヴァントゥー山で採れる、オレガノなどを含む50種以上の薬草を漬けたリキュール「オリガン・デュ・コンタ」がチョコレートの風味付けとして使用されている。ヴァントゥー山は多様な植物が育つことで有名。周辺地域には1200種以上が生育している。

　そして、アヴィニョンの観光スポットといえば、14世紀、ローマ教皇が住んでいた教皇庁である。パパリーヌという名前は、そのような歴史を踏まえて、教皇（Pape パップ）という言葉に由来している。郷土菓子として作られた故、ヴォークリューズ県のパティスリーでしか手に入れることはできない。

Chapitre 4　コンフィズリー&ショコラ

90

Nougat de Montélimar
モンテリマールのヌガー

モンテリマール

決め手ははちみつ、ノスタルジックなメレンゲ菓子

　ナッツとはちみつ味のふんわりと優しい食感のヌガーは、たまに食べたくなるノスタルジックなお菓子。その食感の秘密は、立てた卵白だ。その卵白に、アーモンドをはじめとしたナッツ類、砂糖漬けフルーツ、はちみつなどを混ぜて作る。卵白を混ぜない黒いヌガーもあるが、これが実は初期のヌガーに近いものなのである。

　紀元前600年、ギリシャの植民地だった南仏マルセイユがマッサリアといわれていた時代、ヌガーの前身がすでにそこで作られていた。それは、nôgalonと呼ばれ、はちみつとクルミで作られた黒いヌガーだった。16世紀になると、オリヴィエ・ド・セールという土壌学者が、プロヴァンスにアーモンドの木を植えることを推奨したため、ヌガーにアーモンドが使用されるようになっていく。クルミより保存性もよく甘いアーモンドは、プロヴァンスのヌガー作りに欠かせなくなったのである。

　現在フランスでヌガーと言えば、ローヌ・アルプ地方、モンテリマールのヌガーが有名である。それまでは、ヌガーには卵白は使用されていなかったが、モンテリマールでは、17世紀から卵白入りのヌガーを生産するとたちまち人気に。このヌガーを広めるために一役買ったのが、モンテリマールの市長を務め、その後第8代大統領に就任した、エミール・ルベである。彼は、来訪者に必ず土地の銘菓をお土産として渡していたという。

　ヌガーは、はちみつの種類や含有量によっても風味が変わる。一番香りが高いものがラベンダーのはちみつである。

191

91

Fruits confits
フルーツの砂糖漬け

プロヴァンス地方

南仏の宝。その輝きはじっくり浸透させた砂糖

　きらきらと輝く宝石のような砂糖漬けフルーツ。この輝きは砂糖によって生み出されている。砂糖が貴重だった時代、宮廷の食卓を彩ったフルーツの砂糖漬けは、王侯貴族たちの憧れの甘味だったことだろう。現在は欠かせない菓子素材であるが、本来はそのような副材料としてではなく、保存食のひとつであり、そのものをいただく贅沢品だったのである。砂糖がなかったローマ時代には、はちみつにフルーツを漬けていた。14世紀にはすでにプロヴァンスで作られていたという記録がある。

　砂糖の原料になるさとうきびの原産地は、東南アジアだといわれている。それをヨーロッパに持ち込んだのは、7世紀、イスラム教をアジアにも広めようとしていたアラブ人である。彼らは地中海でその栽培を始めたが、その栽培法、製糖法をヨーロッパに持ち込んだのは、11世紀から13世紀、イスラム教徒に奪われた聖地、エルサレム奪回のために8回にわたり遠征した十字軍だ。

　フルーツの砂糖漬けは、プロヴァンスのアプトのものが有名である。メロンやスイカ、イチゴ、チェリー、洋梨と季節によって色とりどりのフルーツを砂糖漬けにする。中まで砂糖を浸み込ませるため、砂糖液の糖度を毎日変えながら、10日ほどかけて仕上げる。製菓用のものは砂糖液を浸み込ませただけだが、そのまま供するものは周囲をグラッセさせて中を柔らかく保ち、外側は歯ごたえのある状態に仕上げる。プロヴァンスのクリスマスのお菓子「トレイズ・デセール」(P.217) には欠かせない存在だ。

193

92

Calisson
カリソン

エクス゠アン゠プロヴァンス

祈りを込めて作られた南仏の至宝菓子

　カリソンは、南仏の町、エクス゠アン゠プロヴァンスの伝統菓子だ。エクスといえば、ミラボー大通りのプラタナスの並木が印象的な町。そこからふりそそぐ木漏れ日を求めて、ヴァカンス時には多くの人でにぎわう。そんな町ではカリソン専門店に出会うことができる。その一軒に、昔のカリソン製造機が置かれていた。手動で菱形にカットする機械である。ヨーロッパでペストが猛威を振るっていた17世紀、カリソンはその疫病から人々を救う食べ物と考えられていたのである。祈りを込めて一粒一粒丁寧に作っていたことだろう。

　作り方は、細かく砕いたアーモンドと砂糖漬けのフルーツ（伝統的にはメロン）をペースト状にして菱形に成形し、下に薄い無発酵パンを敷いて、表面を白いグラス・ロワイヤルで覆う。主なる材料のアーモンドは、プロヴァンスの名産だ。冬が過ぎるとアーモンドの木にはピンク色の花が咲き、その後、緑色の実となり、その実は初夏から夏にかけてマルシェの店頭に並ぶ。その旬のアーモンドの殻を割り、出てくる白い実を食べる。

　カリソンという名前は、15世紀のロレーヌ公であったルネ王がブルターニュ出身のジャンヌ・ド・イザベルと結婚し、エクス゠アン゠プロヴァンスに居を移した際、コンフィズリー職人がカリソンをイザベル妃に贈呈したところ、「Ce sont des Câlins」（これは、優しいお味ね）と言ったところから、Calisson（カリソン）と付けられたとか。美味しいカリソンは、軽く空気を含んでふわっとした食感のもの。アーモンドとフルーツの味を凝縮させたその一粒は、南の風と太陽を運んでくれる。

コンフィズリー＆ショコラ概論

コンフィズリー（Confiserie）とは、砂糖を使って作る飴類やキャラメル、ヌガーなどのことである。コンフィズリーは、砂糖が貴重だったころから作られていたが、それを食すのは特権階級の人のみだった。そんな砂糖菓子の発祥は、イタリアのヴェニスだといわれている。

コンフィズリーの歴史

8世紀、東南アジアからアラブに伝わったさとうきびは、地中海沿岸で栽培されるようになり、砂糖の価値に目をつけたヴェニスの商人やジェノヴァ商人が、シチリア島でさとうきびの栽培に乗り出し、砂糖や砂糖菓子はヴェニス経由でヨーロッパに伝わるようになったのだ。

砂糖菓子に関する記載は、1541年に出版されたイタリア語の著作に見つかっており、同年フランスのリヨンでも『Le bâtiment de recettes』（料理法大系）というタイトルで刊行された。そして、ジャム製造人を意味するコンフィチュリエ（confiturier）という言葉が生まれ、ジャム作りが盛んになったのである。このコンフィチュリエという言葉を作ったのは、日本では預言者として名高い、ノストラダムスだといわれている。ノストラダムスは、モンペリエ大学で医学を修め、ペストの治療で名声を得ていた。その一方で『予言集』を出版するが、その第一部は、「真実にして、完璧なる美顔術」というタイトルの、美顔料の作り方を述べたものだった。そして第二部は、ジャムと砂糖漬けフルーツの製法を扱ったものだ。しかし、当時砂糖は大変高価だったので、このレシピを参考にするのは王侯貴族お抱えのパティシエくらいだっただろう。しかし、このノストラダムスの砂糖使いの変革によって、乾燥させるしかなかったフルーツの保存法が一気に広がっていったのである。そして、それまで砂糖は薬として扱われていたが、ノストラダムスにより、人々を高揚させるまったく別の存在となった。王家の宴会では、立派なフルーツの砂糖漬けが、来賓や貴族たちの羨望の眼差しを受けたことは想像に難くない。砂糖菓子こそが権力の象徴だったからだ。

ショコラの歴史

ショコラも、砂糖同様、当初は薬として飲まれていた。ショコラの原料であるカカオは、大航海時代にス

ペイン人の冒険家、フェルナン・コルテスが、現在のメキシコのあたりに存在したアステカ王国からスペインに持ち帰ったことから、ヨーロッパに広まる。その後砂糖が普及したことにより、甘くして飲むことが習慣になっていく。

ルイ16世をはじめとする王侯貴族たちは、「疲労を回復してくれる飲み物」と信じていた。そして、パリで最初にショコラの店を開いた人こそ、そのルイ16世のお抱え薬剤師、ドゥボーヴだったのである。1800年開業のその店、「Debauve&Gallais」（ドゥボーヴ・エ・ガレ）は、現在も、パリのサンジェルマン地区で営業する老舗である。オープン当初は、もちろん貴族やブルジョワ相手であったろうという店構えを残しながら。

なお、ショコラが今のように食べる板チョコになったのは、1828年、オランダのヴァン・ホーテンがカカオ豆に含まれている油脂分、カカオバターを取り出すことに成功してからである。その後、1847年、イギリスのフライ社がカカオのペースト（カカオマス）にカカオバターと砂糖を加えてチョコレートを固め、固形チョコレートとして売り出す。1880年に

は、スイスのルドルフ・リンツによって、すりつぶしたカカオ豆を摩砕機に入れて、なめらかに仕上げるコンチングという作業がなされ、これにより現在の食べるショコラが出来上がった。

今日のコンフィズリーとショコラ

人々の憧れだったコンフィズリーやショコラだが、現在でもフランス人の中にその意識が残っているのには驚かされる。ある著名なパティシエが菓子デモンストレーションの際に、甘さを控えめにするなど考えないで、砂糖の量は守るようにと言った。なぜなら、我々は砂糖を享受できる喜びを受け継いでいるからだと。

ショコラも同様。贈り物の筆頭に挙げられるのはショコラだし、老若男女、口実をもうけてはショコラを口にしている。もちろんそれは美味しいからだが、それとは別に、ショコラがたどってきた歴史の恩恵を知っているからである。

Colonne 4

まるで宝石のような伝統のコンフィズリー

　コンフィズリーやショコラのことを、フランス人はボンボン（Bonbon）という。ショコラはボンボン・ショコラ。ボン（bon）は「美味しい」という意味。その響きとともに甘美ななにかを思わせる呼び方だ。砂糖が貴重なころは、特権階級のみが口にしていた。ボンボニエールというボンボンを入れる器も高級な陶器で作られていたのである。

　特権階級には修道士たちも含まれており、初期のコンフィズリーは、薬草やハーブを使って修道院で作られていたことが多い。ペストに効くとして北欧から取り寄せたアンジェリカを砂糖漬けにしたものは、その代表的なものだろう。

　その後、ボンボン作りは、専門のコンフィズリー職人の仕事となるが、現在は工場などで大量に作られるところが多い。しかし、パリ留学中に親しくしていたピアニストを目指していた16歳の青年が、その美しい手でクリスマスディナーの最後の小菓子を作るのを見て驚いた。それはフリュイ・デギゼという、プルーンやデーツに切り目を入れて、そこにマジパンを詰め、周囲をキャラメルで覆うコンフィズリーである。普段あまりお目にかかれるものでない上、

自分で作ったこともないその菓子を、正確に切り目を入れ、砂糖を煮詰めて手早く飴かけをする。そして、彼は言った。「どう？　この宝石のようにキラキラしたお菓子。これは毎年僕が作るんだ」と。コンフィズリー作りの伝統は、家庭にも根付いているものなのだと初めて知った瞬間であった。

　ところで、プラリーヌというと、コンフィズリーのカテゴリーでは、ナッツに煮詰めた砂糖をからめたもののことをいうが、ベルギーやスイスなどでは、型で作ったボンボン・ショコラをプラリーヌと呼ぶ。そのセンターが、プラリーヌをペースト状にしたものが多いからだろうか。ネギュスやメンチコフのように、コンフィズリーとショコラ風味、両方がともに一粒に収まるとなんだかとても得した気分になるものである。

ボンボンの缶が宝石箱のように並ぶパリのコンフィズリー。思わず足を踏み入れたくなる。

筆者撮影

Chapitre 5

Gateaux de fêtes

行事菓子

フランスの祝い菓子には、
日常では味わえない美味しさと楽しさがある。
それは、年に一度しか食べられないからという理由の他に、
パルタジェ（分け合う）という言葉を尊重する
フランス人本来の菓子の食べ方が伴うからだ。
これこそが、フランス菓子の醍醐味であろう。

93

Galette des rois

ガレット・デ・ロワ

キリストの誕生が公になった1月6日を祝う菓子

　ガレット・デ・ロワは、パイ生地にアーモンドクリームが挟んである菓子である。1月6日のエピファニー（Épiphanie）をお祝いして食べる菓子だが、1月中であれば、家族や友人たちが集まったときに切り分けて食べる。この菓子の特徴は、中にフェーヴ（Fève）という小さなオブジェが隠れているということ。それを当てた人は、「王様」と「王女様」になることができ、皆から祝福される。

　キリストの生誕がまだ世間には知られていなかったころ、キリストの誕生を公にしたのは、その誕生を聞きつけてベツレヘムを訪れた三人の聖人である。旧典礼暦では、その日を1月6日と定め、エピファニーとした。日本語では公現祭という。つまりキリストが公に現れた日ということである。

　この菓子にフェーヴを入れることになったのは、古代ローマ時代の農耕の神、サトゥルヌスの祭りでのくじ引きに由来する。くじ引きにあたると、主人より身分の低いものでも、主人に給仕をさせることができた。そして、フランスでは中世にこれに似た祭りが行われるようになった。これにならって、11世紀にはフランシュ・コンテ地方の教会において、教会参事会が次期の責任者を決める際、パンに金貨を隠してくじ引きをしたのである。これがだんだん庶民にも広まり、ガレット・デ・ロワにフェーヴを入れるようになったとのことだが、庶民は金貨の代わりに、フェーヴのもともとの意味であるソラマメを入れていた。

203

Colombier

コロンビエ

白い鳩のフェーヴを当てると一年以内に結婚

　この菓子は、復活祭後の7回目の日曜日と定められたペンテコステ（Pentecôte＝聖霊降臨祭）に食べられる菓子である。その日は、十二人の使徒に天から聖霊が降り、その力を得て、使徒たちがキリスト教の布教を始めたことになっており、キリスト教会設立の日ともされている。白い鳩＝コロンビエのフェーヴを添えるのが習慣だ。

　鳩といえば、フランス料理のメニューでよくピジョン（pigeon）という表記を見かけるが、ピジョンは食べられる鳩で、この菓子の名前であるコロンビエは、聖霊や平和、純潔を表す鳩、コロンブ（colombe）から派生した言葉で鳩小屋を表す。

　コロンビエは、フランスで最も大きく最も古い港町、南仏のマルセイユで最初に作られたといわれている。アーモンド生地の中に、プロヴァンス産のメロンやイチジク、アプリコットなど南の太陽をたっぷり浴びたフルーツの砂糖漬けが混ざり、鳩のフェーヴが隠されているのである。このフェーヴを当てると一年以内に結婚するという言い伝えが残っている。それは、マルセイユの王女であったジプティスが、船に乗ってやってきた異国の若者プロティスと出会ったその日に結ばれ、結婚したという愛の物語に由来する。そして、この二人がマルセイユを創造したというのである。マルセイユからラングドック・ルシヨン地方にかけても、この時期は鳩のフェーヴがのった菓子が店にならぶ。それは時として、ロールケーキの場合もある。フランスでは、ロールケーキはパティスリーでは見かけないが、この地域では、「ヴィーナスの腕」または「ジタンの腕」という名前が付けられている。

205

95
Crêpes
クレープ

片手に金貨を持って生地を裏返せたら幸運が訪れる

　ブルターニュ地方からの電車が発着するパリのモンパルナス駅の周辺では、クレープ屋をよく見かける。というのは、クレープはもともとブルターニュ地方で作られたもので、モンパルナス駅周辺にその味を求める人のために店ができたからである。

　ブルターニュでクレープが作られるようなったのは、土地がやせていたからである。これといった作物が育たないところに、中国産のそばを十字軍がアラブから持ち帰ったところ、ブルターニュでも育つことがわかり、以来、そば粉を使ったクレープが作られるようになり主食となった。そば粉で作られたそれは「Galette」（ガレット）と呼び、小麦粉で作られるものはクレープと呼ぶようになった。

　クレープは、生地を焼いたときに表面がチリチリになるので、その「縮み」を表す言葉、クレープ（Crêpe）に由来している。クレープができたのは、鉄道が発達した19世紀である。小麦の肥料などが輸送され、小麦粉も育てることができるようになったからだ。ガレットは、卵やチーズをのせたりして食事として食べられるものだが、小麦粉のクレープは、砂糖をふりかけたり、ジャムを塗ったりしてデザートとしていただく。合わせる飲み物は地元産のシードルだ。

　クレープは全国的にポピュラーな食べ物になったが、キリスト教のお祝いの日である2月2日のマリア様のお清めの日（Chandeleur）には、全国民がいっせいにクレープを焼いて食べる。その際、一方の手にコインを握って願い事を唱えながらクレープをひっくり返すことができれば、それが叶うといわれている。

207

96

Agneau Pascal
アニョー・パスカル

アルザスの復活祭の菓子。仔羊形には二つの説が

　アルザス地方とロレーヌ地方モーゼル県あたりで、復活祭の時期に食べられるお菓子である。復活祭とは、キリストが復活することを祝うお祭りだが、移動祝日で、「春分後の最初の満月のあと、最初に来る日曜日」と決まっている。Lammele（ラムル）あるいは、Lamala（ラマラ）とも呼ばれている。

　「アニョー」とは仔羊という意味。そして「パスカル」は復活祭という意味である。3月から4月にかけて、フランスの他の地方では、卵形やうさぎの形をしたチョコレートを作るのが習慣だが、この地域だけは、首にリボンを巻いた愛らしいアニョー・パスカルが店頭を飾るのである。

　現地では素朴なスポンジ生地仕立てのものが多いが、たまに発酵生地のものも見受けられる。アルザスのスフレンハイム村で作られた陶器の型を使用して作るのだが、型から外すときは緊張する。しっかりバターを塗って粉をふれば、目や毛並みなども美しく表現できる。

　しかし、なぜ仔羊なのだろうか。それには、二つの話が関係している。ひとつはユダヤ教におけるアブラハムの犠牲の話である。神がユダヤ人族長アブラハムに神への犠牲として自分の息子を差し出すように試したとき、アブラハムは素直にそれに従った。が、結局は神の慈悲を受け、代わりに仔羊を殺させたという。同様にイスラム教徒は、復活祭に仔羊を犠牲にして食べる習慣がある。もうひとつは、キリストは世の中から罪を取り除く神の仔羊を聖書の中で唱えており、そのキリストの復活を祝うとき、仔羊の形のお菓子を食べるというものである。

97

Oeuf de Pâques
復活祭の卵

店頭に並ぶのは生命の象徴、卵の形のショコラ

　キリストの復活を祝う復活祭の時期（移動祝日：春分の日の最初の満月のあと、最初に来る日曜日）には、パティスリーやショコラチエでは、主力商品をはずしてもカラフルなリボンをまとった卵やうさぎの形をしたショコラを並べる。
　なぜ卵かというと、復活祭の前に定められている断食に関係がある。肉類と同様、卵も食べることを禁じられているからである。また、イエスに従った新約聖書中の福音書に登場する女性、マグダラのマリアがキリスト昇天のあと赤く染めた卵をローマ皇帝に送ったことに起源を持つという説もある。卵の赤色は、キリストの血、その血によって人類が再生することを表し、さらに卵は復活する命を表しているといわれているのだ。
　卵は鶏から生まれ、また鶏に育つ復活の象徴。もともとはゆで卵に色付けしたものが出回っていたが、卵アレルギーなども考慮し、現代ではチョコレートやプラスティックの卵型にキャンディーを詰めたものが主流になってきた。卵やうさぎ形のチョコレートは大小あるが、大きいものは中が空洞になっており、そこにさらに小さな卵がたくさん詰まっている。おばあちゃんが買って孫にプレゼントしたりする。筆者もこの時期、幼い娘をパリに連れて行ったら、両手にかかえきれないほど卵チョコをいただいた記憶がある。
　もうひとつの復活祭のシンボル、うさぎだが、これは子どもたちに卵を運んでくる動物として西方教会にのみ、16〜17世紀に定着した習慣だといわれており、東方教会ではこの習慣はない。

211

212

Spéculoos
スペキュロス

子どもたちが心待ちにするスパイスクッキー

　スペキュロスは、スパイスやカソナード（さとうきびから作られるブラウンシュガー）で作るスパイスクッキーである。17世紀ごろ、オランダを中心とするフランドル地方で作られた。使用された主なスパイスは、シナモンやカルダモン、丁子など。高価な素材だったので、日常の菓子というよりは、お祭りや祝いの席で味わうものだった。そのひとつに、12月6日のサン・ニコラのお祭りが挙げられる。

　サン・ニコラは、現在のトルコあたりで3世紀に生まれ、聖人となった人物。死後に遺物が盗まれ、イタリアのバーリの教会に祀られることになる。そしてさらにその遺物は、ロレーヌ地方のサン・ニコラ・ド・ポールの教会に移ったといわれているが、バーリの教会は今でも巡礼地となっている。

　オランダ、ベルギー、ドイツ、オーストリア、そしてフランスではアルザス、ロレーヌ地方で、サン・ニコラは子どもたちの守護神として崇められており、12月6日のサン・ニコラの日の前夜は、子どもたちの靴にプレゼントを置いていくという伝統があった。また、パティスリーやパン・デピス専門店などでは、木型で作るサン・ニコラをかたどったスペキュロスが店頭を飾る。

　サン・ニコラがなぜ、子どもたちの守護神になったかという理由は諸説ある。3人の子どもが誘拐されて肉屋で焼かれそうになったときに、ニコラ聖人が助けたとか、貧しい3人の娘たちを助けるために煙突から金貨を投げ込んだところ、靴下に入ったという話もあるため、サン・ニコラはサンタクロースのモデルとなったといわれている。

99

Bûche de Noël

ビュッシュ・ド・ノエル

寒い冬になくてはならない薪をイメージ

　ビュッシュ・ド・ノエルは、直訳するとクリスマスの薪という意味である。クリスマスに食べるお菓子として有名だが、なるほど、薪の形をしている。なぜ薪なのだろうか。これには諸説ある。前の年の燃え残りの薪からできる灰が、雷や火事よけのおまじないになるという説。ヨーロッパの寒い国では、暖をとるための薪が大変貴重なものだったという説。いずれにしても、ヨーロッパの冬に欠かせない薪をイメージして作られたのは確かである。そして、ビュッシュ・ド・ノエルにはきのこを添えるのを忘れてはならない。みごとな繁殖力を備えたきのこは、繁栄の象徴といわれているからである。

　12月25日をクリスマスとしたきっかけは、古代ローマのお祭りだった。かつてローマでは、衰えゆく太陽が再び光をとりもどすことを祝う冬至のお祭りを12月25日に行っていた。そこで、この日を、闇の世界に光がもたらされたキリスト生誕の日として教会でお祝いするようになり、それがクリスマスとして今に伝わっているのである。現在、クリスマスを盛大に祝う国として名高いのはドイツだ。ドイツは初めてクリスマスツリーを飾った国で、フランスではドイツと隣接しているアルザス地方に、最初にツリーが伝えられた。しかし、アルザス地方では、クリスマスにビュッシュ・ド・ノエルは食べない。アルザス地方の伝統的なクリスマスのお菓子は、乾燥させたフルーツをソーセージ状にまとめたベラヴェッカや、パン・デピス、シュトレン、そして様々な形のクッキーなど、そのバリエーションにかけては、フランス一といえよう。

100
Treize desserts
トレイズ・デセール

キリストと使徒を表現した、南仏のクリスマスを祝う菓子

　南フランスの伝統的なクリスマスは、トレイズ・デセールという13種類の菓子やパンを並べて食べることになっている。中央にポンプ・ア・ルイユ（Pompe à l'huile）と呼ばれるパン菓子を置き、その周囲に、ナッツ類、ドライフルーツ、フルーツの砂糖漬け、ぶどうなどの生のフルーツ、カリソン、ヌガーなど12種類の南仏の産物を置いて祝う。中央のポンプ・ア・ルイユはキリストを示し、周りのお菓子は12人の使徒を表す。すべて合わせると13種類になるので、「トレイズ・デセール」(Treize desserts = 13のデザート) と呼ばれている。

　南フランスといえばオリーブオイルが名産だが、このパン菓子はバターの代わりにオリーブオイルを使って作るブリオッシュで、オレンジやレモンで香り付けする。ポンプというのは、「華麗」や「盛大」という意味。華麗なるオリーブオイルのパンというところだろうか。

　筆者がこのパン菓子を知ったのは、かつて愛読していたピーター・メイル著『南仏プロヴァンスの12か月』の中に記述があったパン屋らしきお店を訪ねたときである。まさにピーター・メイルさんと友達だというブーランジェのおじさんが、地下の厨房に案内してくれ、ポンプは、かつてかまどの温度を知るために焼いていたパンの切れ端から発展したパン菓子だと言いながら、目の前で焼いてくれたのだ。

　ポンプ・ア・ルイユは、地域によって呼び名が変わる。「ポンプ」は地中海沿岸の呼び名で、アプトより北では「ジバシエ」、南では「フガス」と呼ばれることが多いそうだ。さらに「フガス」には、豚の脂を焦がしたものを加えたパンもある。

フランス行事菓子概論

日本でもお祝いと菓子の結びつきは深いが、フランスでもカトリックに結びつく行事には、伝統的に菓子を食べる習慣が根付いている。それらの祝いの行事が行われる日は、教会暦により法定休日になっていることが多く、復活祭のように年によって日にちが変動する「移動祝日」と、クリスマスなどの固定の祝日と、365日それぞれに割り当てられている聖母や聖人の祝日から成り立っている。

1月のお菓子

年が明けて最初のお祝いは、1月6日のエピファニー（公現祭）である（日本のように元旦を祝う習慣はフランスにはない）。近年では、6日が平日の場合は、年の最初の日曜日をお祝いの日とするようになった。このお祝いに食べる菓子は、ガレット・デ・ロワだが、1月中であれば、家族や友人と何度も食べる。中に入っているフェーヴをコレクションしている人も多い。ガレット・デ・ロワ（Galette des Rois）は「王様のお菓子」と訳されることが多いが、このときの王様（Rois）は複数になっており、1月6日にベツレヘムを訪れた三人の聖人を指す。

2月のお菓子

2月は2日のシャンドルール（Chandeleur）＝マリア様お清めの日である。産後40日目のイエスを見て、マリア様に「この子こそが人々を照らす明かりだ」と言ったシモンという老人の言葉を受けて、教会に蝋燭（chandelle シャンデル）を捧げたことから、シャンドルールという名前が付いた。この日は全国民がクレープを作って食べる日となっている。

そして、2月14日は、サン・ヴァランタン（St.Valentin）と呼ばれるバレンタインデーだが、日本のようにショコラを贈ったりする習慣はない。もともとは、ローマ皇帝が兵士たちの結婚を禁じていたとき、聖バレンタインがその命令に逆らって結婚させていたために殉教したという伝説がもとでできた日。フランスでは、男性が女性にレストランでご馳走したり、親しい人同士で贈り物をする。

復活祭のお菓子

そして、2月は、3月下旬から4月中旬に行われる復活祭に関連した行事が三つ行われる。そもそも復活祭は移動祝日なので、それら三つの行

事も前もって日にちが定まっていない。

　最初に行われるのは、断食の前に行われるカーニバルである。食べて、飲んで、踊ってと、とにかく騒ぐお祭りだ。それに続くのが、カーニバルの最終日、マルディ・グラである。肉や菓子をたらふく食べる。最後は、荒野で40日の試練に耐えたことを受けてカレームと呼ばれる、日曜日を除く40日間の断食が行われるのだ。

　復活祭は、だいたい3月から4月の間に設定される。多くの店では主力商品をはずしても、卵や鶏、ひよこ形のショコラを販売する。それらを庭の草木に隠して、子どもたちに探させてプレゼントする。

　4月1日は、エイプリルフール。四月馬鹿。その象徴は魚のサバである。サバは簡単に釣れる間抜けな魚だからだ。店では魚形のチョコレートが売られ、子どもたちは魚の形にカットした紙を大人の背中に貼り付けるいたずらをして遊ぶ。

　復活祭の後の7回目の日曜日は、ペンテコステ（Pentecôte 聖霊降臨祭）である。翌、月曜日が法定休日。天から降りてきた聖霊の力で、十二使徒たちが布教を始めた日ということに

なっており、聖霊を象徴する白い鳩にちなんで、コロンビエという菓子を食べる。

　夏から秋にかけては、日本同様祝日も少ない。11月1日はすべての聖人に祈りを捧げる万聖節（Toussaint）であり、翌日、11月2日は、死者の日（Fête des morts）と呼ぶお墓参りに行く日となっており、日本と同様に、菊の花をたむける。コルシカではこの日、ブリオッシュにレーズンが入ったパン・デ・モール（Pain des morts）を食べる。

　12月に入ると、一気にクリスマスモードとなり、主婦はパーティーの飾りつけや料理などを決める。クリスマスは日本の正月と同じで、どんなに遠くに暮らしている人でも家に戻り、家族、親族でクリスマスを祝う。ビッシュ・ド・ノエルはパティスリーにオーダーする。パーティーの料理の定番は、カキ、サーモンフュメ、フォアグラだ。昼にたらふく食べたら、食後酒を飲み、散歩にでかけ、また夜も食べ続ける。途切れることなくしゃべり続けながらも食べる速度は変わらない。フランス人のクリスマスを祝うあり方とグルマンたる伝統を見せつけられる冬の情景である。

Colonne 5

物語と思い出が詰まった行事菓子

　フランスの行事菓子は、キリスト教関連のものが多い。日本でも最近、宗教は関係なく、その美味しさや形に魅了されてフランスの行事菓子が作られているが、その祝い方や背景を知れば、もっと楽しめるのではないだろうか。

　例えばガレット・デ・ロワ。伝統の祝い方として、まず、切り分けたものは、最年少の子どもがテーブルの下に隠れ、誰に配るか指示する。カットする人は、フェーヴが当たることがあるので、布巾をかぶせて切る。また、フェーヴが当たった人が男性だったら女性を、女性だったら男性を選び二人で祝福されるのが本来の祝い方だ。これはちょっとした告白のチャンス？ そんなわけで、フランス人は子どものころのエピファニーに甘ずっぱい思い出を持つらしい。

　エピファニーが終わると復活祭のショコラが店頭に並ぶ。復活祭のカーニバルは、19世紀まででは行われていた。ヴィクトル・ユゴーの『レ・ミゼラブル』にもその描写がある。コゼットがカーニバルの最終日に結婚するのである。「Mardi gras（告解火曜日）に結婚すれば、恩知らずの子どもは生まれない」ということわざも引用されている。今ではカーニバル自体は行われなくなったが、この時期（2月から3月）に食べられていた菓子を作るところもある。代表的なものは、リヨンのビューニュという揚げ菓子だろう。

行事菓子に地方性が顕著に表れるのは、クリスマスだ。普通はビュッシュ・ド・ノエルを食べるが、アルザスではこの時期だけに作られる菓子がたくさんあることに驚く。マナラ、ベラヴェッカ、パン・デピス、シュトレンなど。また、南仏では、13種の菓子を食べるトレイズ・デセールという伝統がある。しかし、「若者はもうビュッシュ・ド・ノエルを食べているさ」と、ニースのパティシエがポツリと語っていたのを思い出す。確かに13種類そろえるのは大変かもしれない。が、13の甘味こそが南仏の宝石だ。ぜひ行事菓子の伝統をつないでほしいと願う。

（上左）アルザスのノエルに作られるベラヴェッカやクッキー。クッキーは80種類以上。（上右）ガレット・デ・ロワに入れる筆者所有のフェーヴ。金のソラマメがお気に入り。（下右）フランスのガレット・デ・ロワコンクールの出品作品。審査員は食べなれている一般人。（下左）アルザスのクリスマスマーケット。スパイスクッキーとホットワインを目当てに観光客も。

筆者撮影

Épilogue おわりに

　コロナ以前は、フランスのお菓子や料理文化を知っていただくため、フランスの各地方にお連れするツアーを年に一度、25年間行っていましたが、コロナ禍を機にツアーも途切れ、本場の味を堪能することも、土産菓子を買うこともできなくなって残念に思っていました。この本のお話をいただいたのはそんなときでした。

　現地でのお菓子との出会いは、私にとって一生の宝物です。お菓子だけでなく、それにまつわる人、そして背景を知るとさらにその宝物は輝きを増します。このことをフランスに足を運ばずとも、本の中で皆さんと共感できたらこれ以上の喜びはありません。ピレネーの山小屋で暖炉の火にかざされるガトー・ピレネーの職人の汗、ヴィシーのしょっぱい源泉がパスティーユの元だったと知ったときの驚き、クグロフは行儀よくお座りしていると思っていたら、現地ではだるまのように転がっていたという現実。

　そんな体験を思い出しながら、100のお菓子を紹介してみましたが、それらが今後、皆さんの引き出しに宝石のように並ぶことを夢見ています。

　最後にこの本に携わっていただいた皆さんにお礼を述べたいと思います。品格ある本作りを目指し、フランス菓子を輝かせてくださった編集の長谷川卓美さん、最高のワンショットをいつも探ってくださったカメラマンの井田純代さん、菓子製作をしてくださった元アシスタントでパリ在住の上松美保さん、パリ中歩いてコンフィズリーを探してきてくださった田中敦子さん、お菓子の本質をのぞかせてくれる美しいデザインを施してくださったデザイナーの塚田佳奈さんに、心からのお礼を申し上げます。そして、撮影のために心置きなくパリのキッチンを提供してくれた我が親友 Sophie に Merci beaucoup を！

2024年冬　大森由紀子

Profil

大森由紀子(おおもり・ゆきこ)
Yukiko Omori

フランス料理・菓子研究家。学習院大学フランス文学科出身。パリ国立銀行(現 BNPParibas)東京支店を経て渡仏。
パリのル・コルドン・ブルーでフランス料理と菓子を習得。並行してレストランやパティスリーで研修。帰国後も20年以上にわたり毎年渡仏し、フランス全土を回って、人々とふれあいながら食文化や歴史を研究し、メディアや書籍などを通して日本に紹介。自宅で料理・菓子教室を主宰しながら、企業のアドバイザー、コンクールの審査員などを務める。フランス政府より農事功労章シュバリエ勲章を受勲。
『フランス伝統料理と地方菓子の事典』(誠文堂新光社)、『私のフランス地方菓子』『パリのお菓子屋さんガイド』(ともに柴田書店)など著書多数。
日々の活動の様子は、インスタグラムなどのSNSにて更新中。
@omoriyukiko

フランスの宝石菓子100

2024年12月13日　初版第1刷発行

著者	大森由紀子
デザイン	塚田佳奈 (ME&MIRACO)
撮影	井田純代
コーディネート	田中敦子
校正	株式会社 鷗来堂
制作協力	Miho Uematsu、Sophie Gesquière
編集	長谷川卓美
発行人	三芳寛要
発行元	株式会社パイ インターナショナル 〒170-0005 東京都豊島区南大塚2-32-4 TEL：03-3944-3981 FAX：03-5395-4830 sales@pie.co.jp
印刷・製本	シナノ印刷株式会社

©2024 Yukiko Omori / PIE International
ISBN 978-4-7562-5895-3 C0077
Printed in Japan

本書の収録内容の無断転載・複写・複製等を禁じます。
ご注文、乱丁・落丁本の交換等に関するお問い合わせは、小社までご連絡ください。
著作物の利用に関するお問い合わせは以下をご覧ください。
https://pie.co.jp/contact/

○本書に掲載されている情報は、2024年11月時点のものです。掲載内容は諸説ある場合がありますのでご了承ください。菓子の歴史や誕生の背景を鑑み、フランスの地域圏名ではなく、地方名を紹介しているものもあります。
○本書では、筆者が製作した菓子のほか、下記店舗・メーカーの商品、個人製作の菓子、その他一部市販品を掲載しています。

P.8 Dalloyau / P.10, 12, 28 , 56 La Vieille France / P.14, 20, 22, 26, 30, 44 Stohrer / P. 34, 38, 40, 68, 72, 94, 202, 204, 208, 214 Miho Uematsu / P.54 Méert / P.60, 82 Maison Georges Larnicol / P.78 Le Stube / P.88 La Grange des Saveurs / P.108 Maison Pariès / P.116 Thierry Marx Bakery / P.118 U Spuntinu / P.120, 166 Maison des Sœurs Macarons / P.126 Jean Trogneux / P.132 La Maison du Quernon d'Ardoise / P.134 La Maison Rannou Métivier / P.138 Nadia Fermigier / P.142 Maison Adam / P.144 Le Petit Jacques / P.148 Four des Navettes / P.150 Biscuit de Montbozon / P.152 Terra di Catoni / P.160 Afchan / P.162, 174, 184, 185 Le Bonbon au Palais / P.164 Maison Dutriez / P.168 La Ronde des Abeilles / P.170 La Chocolaterie Chartres / P.172 l'Office de Tourisme d'Orléans / P.174 Maison de la Prasline Mazet / P.176 Maison des Forestines Bourges / P.187 La Maison du Sucre d'Orge / P.192 Confiserie d'Entrecasteaux